Dieter Schäfer

Die Gewaltfalle

W0376686

Fotos: Polizeipräsidium Mannheim
Bildtechnik & techn. Assistenz: Steffen Macholdt,
Steven Au, Tamara Herr
Satz & Gestaltung: Holger Ohm

ISBN Taschenbuch	978-3-86476-034-1
ISBN E-Book EPUB	978-3-86476-610-7
ISBN E-Book PDF	978-3-86476-611-4

Verlag Waldkirch KG
Schützenstraße 18
68259 Mannheim
Telefon 0621-79 70 65
Fax 0621-79 50 25
E-Mail: verlag@waldkirch.de
www.verlag-waldkirch.de

© Verlag Waldkirch Mannheim, 2013
Alle Rechte vorbehalten. Nachdruck, auch auszugsweise,
nur mit ausdrücklicher Erlaubnis des Verlags.

Gewalt gegen Polizei
Einsatzbewältigung

Dieter Schäfer

Die Gewaltfalle

Verlag Waldkirch

Ich widme diesen Dokumentarbericht allen in Tumultlagen verletzten Kolleginnen und Kollegen.

Ich widme ihn auch den verletzten Seelen der bei solchen Anlässen posttraumatisch belasteten oder schwerem psychischen Stress ausgesetzten Einsatzbeamten.

Ich widme ihn aber gerade auch den Einheitsführern und Polizeiführern, die solche emotionalen Wellentäler aushalten mussten.

Die Gewaltfalle

Ein Dokumentarbericht zur Bewältigung und Aufarbeitung der Gewaltexzesse gegen die Polizei beim Kurdischen Kulturfestival im September 2012 in Mannheim

Dieter Schäfer, Polizeidirektor
und Einsatzleiter PP Mannheim

Wenn der Polizeiführer im Steinhagel
nur die Dienstmütze trägt,
hat er im Vorfeld nichts
vom Gewaltvorhaben der Störer gewusst.

Vorwort

Dieser Beitrag bezieht sich auf frei zugängliche Berichte und Nachbetrachtungen in Print- und Internetmedien, in zwei Landtagsanfragen der Fraktion der CDU, eine aktuelle Debatte im Landtag am 26.09.2012 und die abschließende Behandlung im Innenausschuss in öffentlicher Sitzung am 13.03.2013.

Im Wesentlichen ist er aber mein Rückblick als Polizeiführer der Kurdeneinsätze in Mannheim im September 2012 auf die Vorbereitung und Durchführung der Einsätze und mein persönlicher Bericht über die unmittelbare Nachbereitung für die eingesetzten Kräfte unter dem Eindruck der medialen und politischen Verlautbarungen.

Meine Beweggründe liegen im erforderlichen Wissens- und Erfahrungstransfer der Auswirkungen der Geschehnisse auf und in die Polizei, solange die Erinnerungen noch nicht verblasst sind.

Außerdem ist es wichtig, Gewalt gegen Polizeibeamte öffentlich zu ächten. Die Öffentlichkeit soll durch einen Einblick in die Einsatzbewältigung und die Einsatznachbereitung erfahren, was Polizisten im Einsatz erdulden und erleiden müssen.

Die wenigsten Polizeiführer haben in ihrer Karriere ein solches außergewöhnliches und prägendes Einsatzerlebnis. Wiederkehrende Anlässe dieser Art kennt man wohl nur aus Berlin oder Hamburg.

Insbesondere wenn die Folgen gravierend sind, findet reflexartig eine öffentliche Suche nach den Schuldigen statt. Dem Polizeiführer bläst schnell ein kräftiger Wind ins Gesicht. Er muss sich rechtfertigen und Begründungen abgeben. Der öffentliche Druck ist immens.

Im vorliegenden Fall war vieles anders. Ich verspürte weder Druck aus der Polizeiführung des Landes, noch aus der Kommunalpolitik. Die Landespolitik/-er erlebte ich ambivalent. Während sich alle Vertreter der Parlamentsfraktionen in ihren Statements zu den gewalttätigen Auseinandersetzungen hinter die Polizei stellten, wurde aus Oppositionskreisen aber immer wieder auch Kritik laut. Entsprechend veränderte sich das Medienecho.

Rückblickend wurde mir persönlich großes Verständnis entgegen gebracht, ich bekam aus meinem dienstlichen Umfeld jede Unterstützung, die ich brauchte.

Eigentlich hätte ich die Einsatznachbereitung in Ruhe angehen können.
Dennoch erlebte ich in den drei Folgewochen Stress wie nie zuvor.

Inhaltsverzeichnis

Kapitel 1

Einsatzplanung

Anfang August 2012 erfuhr der Referent Verkehr des Polizeipräsidiums Mannheim vom Fachbereich Veranstaltungen der Stadt Mannheim, dass zum Kurdischen Kulturfestival am 8. September 2012 bis zu 400 Reisebusse anreisen sollen. Die Suche nach geeigneten Parkflächen ruhte zu diesem Zeitpunkt noch, weil sowohl der Verantwortliche der Mannheimer Parkhausbetriebe, als auch der zunächst geplante Einsatzleiter der Polizei in Erholungsurlaub waren.

Auch im Hinblick auf die Dimension von avisierten 35.000 kurdischen Teilnehmern und möglicher anstehender Besprechungen mit dem Landespolizeipräsidium war es notwendig, dass sofort ein verantwortlicher Polizeiführer verfügbar war. In der ständigen Leitungsbesprechung des Polizeipräsidiums Mannheim am 3. August 2012 erhielt deshalb ich, als Verantwortlicher für die Verkehrspolizei, den Einsatzauftrag.
Die Planungen liefen bereits seit September 2011, sodass ich mir zunächst einen Überblick über die laufende Informationsgewinnung und bisherige Vereinbarungen in Sicherheitsbesprechungen mit der Stadt Mannheim und dem Veranstalter verschaffen musste.

Im Vorfeld des 20. Internationalen Kurdischen Kulturfestivals lagen dem Polizeipräsidium Erkenntnisse über den Ort, die Zeit, die Anzahl der Teilnehmer, das Programm und die Gastredner der Veranstaltung vor. Diese Erkenntnisse wurden zusammen mit einer allgemeinen Lageeinschätzung unter Heranziehung der aktuellen politischen

Situation in der Türkei und den Auswirkungen auf die Stimmungslage unter den in Deutschland lebenden Kurden und Türken auch dem Landeskriminalamt, dem Bundesamt für Verfassungsschutz und dem Innenministerium übermittelt. Dabei wurde auf die gespannte Atmosphäre innerhalb des PKK-geprägten kurdischen Milieus wie auch innerhalb der nationalistischen türkischen Szene eingegangen. Es wurde außerdem darauf hingewiesen, dass gewalttätige Aktionen – insbesondere bei emotionalisierten Jugendlichen – nicht ausgeschlossen werden können.

Konkrete Gefährdungshinweise lagen den Sicherheitsbehörden bezüglich des 20. Internationalen Kurdischen Kulturfestivals allerdings nicht vor.[1]

Wesentliches Ergebnis einer gemeinsamen Lageberatung zwischen Vertretern der Stadtspitze und der Führung des Polizeipräsidiums Mannheim im Frühjahr 2012 war, dass vor dem Hintergrund der bereits 19 mal stattgefundenen YEK KOM -Veranstaltungen die Polizei keine "gerichtsfesten" Verbotsgründe würde liefern können, die eine derartige Veranstaltung auf dem Mannheimer Maimarktgelände ausschließen würden. Kritisch wurde eher ein gegebenenfalls vorgeschalteter Marsch zu dieser Veranstaltung gesehen, bei dem aber mit entsprechenden Auflagen das Risiko minimiert bzw. bei gegebener Lage ein solcher eben aufgelöst werden würde.
Auch die hausinterne kriminalpolizeiliche Einschätzung sprachen nicht gegen die Durchführung eines kurdischen Kulturfestivals. Die dargelegten Informationen der zu-

1 http://www.landtag-bw.de/files/live/sites/LTBW/files/dokumente/WP15/Drucksachen/2000/15_2425_D.pdf

rückliegenden YEK-KOM[2] Veranstaltungen ließen darauf schließen, dass in gewissem Umfang mit Formalverstößen in Bezug auf verbotene Symbole nach dem Vereinsgesetz zu rechnen war, dass aber die staatsanwaltschaftliche Aufarbeitung derartiger Verstöße nahezu regelmäßig mit Verfahrenseinstellungen endete. Anhaltspunkte für eine gewaltsame Auseinandersetzung mit der Polizei aus der Versammlung heraus waren seinerzeit nicht zu erwarten. Außerdem erschien es unwahrscheinlich, dass national gesinnte Türken zwecks Provokationen sich in die Nähe des Veranstaltungsgeländes begeben würden.

Bei vorangegangenen Kulturfestivals waren oft Solidaritäts- oder Sternmärsche zeitlich vorgeschaltet. Für die Mannheimer Veranstaltung war ein solches Vorhaben von den Veranstaltern bis Anfang der 33. Kalenderwoche immer in Abrede gestellt worden.

Nach erster Lageeinschätzung stand ein polizeilich interessanter und für die Verkehrsinfrastruktur rund um das Maimarktgelände herausfordernder Verkehrseinsatz mit kalkulierbaren Störpotenzialen für die öffentliche Sicherheit bevor. Der Stabsbereich Verkehr erarbeitete ein Verkehrs- und Parkraumkonzept, welches eine Maximalkapazität für 430 Busse umfasste und auch noch die avisierten 5.000 PKW berücksichtigte.

Mitte August rief dann die Apoistische Jugend Deutschland im Internet zum „Mesa Dirêj“ (Langen Marsch) vom 1. bis 7. September, von Straßburg nach Mannheim auf.

---

2 Föderation Kurdischer Verein in Deutschland

Bei der Stadtverwaltung Kehl wurde für den Zeitraum von Samstag, 1. September 2012, bis Freitag, 7. September 2012 unter dem Motto „Anerkennung der Identität des kurdischen Volkes“ eine Versammlung in sieben Etappen von Straßburg nach Mannheim angemeldet. Für alle Etappen war die Stadtverwaltung Kehl zuständige Versammlungsbehörde. Die jeweils örtlich zuständigen Versammlungsbehörden und Polizeidienststellen waren im Vorfeld und während der Etappen beratend (z.B. Mitwirkung an der Aufzugsstrecke) eingebunden.[3]

Bereits im April 2012 hatte ein Marsch von Mannheim nach Straßburg stattgefunden. Die angemeldete Marschstrecke sollte dieselbe sein. Der vom Polizeipräsidium Mannheim zu betreuende Streckenabschnitt wurde unter Sicherheitsaspekten aufgeklärt und es erfolgte ein in Teilen abweichender Vorschlag an die Mannheimer Versammlungsbehörde für den aus polizeilicher Sicht gefahrlosesten Marschweg zur Übermittlung an die zuständige Behörde in Kehl.

Die endgültige Kräfteplanung für die Schlussetappe des Aufzuges und das Kulturfestival auf dem Maimarktgelände wurde auf den letztmöglichen Zeitpunkt hinausgeschoben, um noch die aktuellsten Lageinformationen zu den erwähnten Spannungen im Osten der Türkei und deren Auswirkungen auf diesen Anlass in die Planungen einfließen lassen zu können.

---

3 Drucksache 15/2424, zu 4., Landtag Baden-Württemberg

Beurteilung der Raum- und Ortslage

Langer Marsches der Kurdischen Jugend
Die unweit des Rheins gelegene Rhein-Neckar-Kreis-Gemeinde Brühl mit etwas mehr als 14.000 Einwohnern war der erste Etappenort des Langen Marsches im Zuständigkeitsbereich des PP Mannheim.

Die Übernahme des Aufzuges am Ortsrand und die Wegführung durch den Ort, abseits von klassifizierten Straßen bis zum Mannheimer Stadtteil Rheinau erschien unproblematisch.

Der Ziel- und Quellverkehr innerorts von Brühl entlang der Marschstrecke würde zwar kurzfristig ins Stocken geraten und zu Verkehrsstörungen führen, die aber für Ortskundige umfahrbar sind.

Marschweg Brühl - Maimarktgelände MA SE YEK-KOM 07.09.2012 Maimarktgelände Mannheim

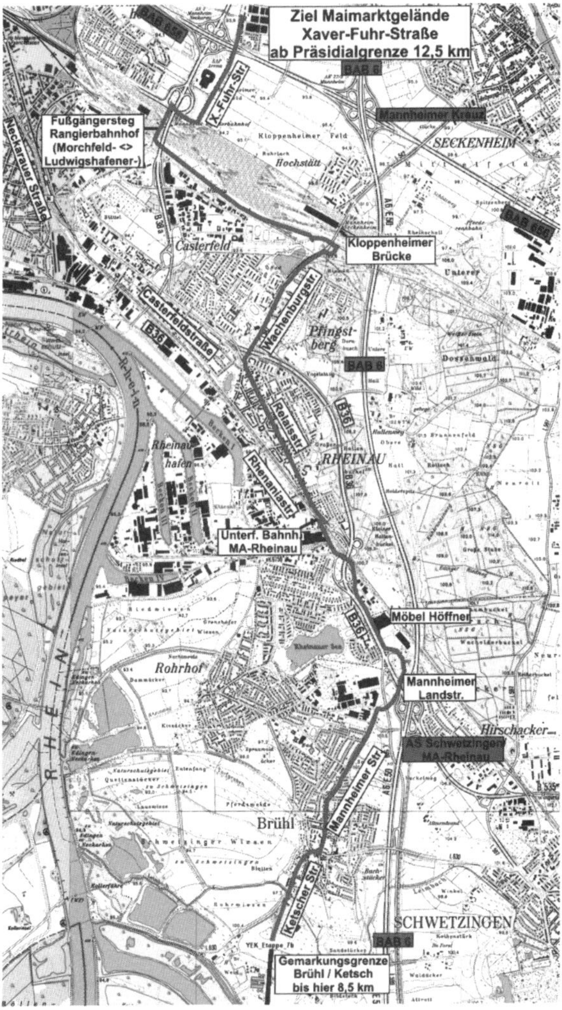

\\Pprman01sq0011\html\EINSATZ\YEKKOM\Grafik\, YEK_05.png

In Rheinau, wie auch dem angrenzenden Wohngebiet Hochstätt wohnt jedoch eine Vielzahl türkischer Mitbürger. Hier waren Konfrontationen mit nationalistisch eingestellten türkischen Anwohnern möglich.

Der Rest der Marschstrecke bis zum Zielpunkt „Maimarktgelände“ führte durch unbewohntes Gebiet.

Kurdisches Kulturfestival

Das angemietete Maimarktgelände beherbergt die jährlich stattfindende Regionalmesse gleichen Namens und wird für Großveranstaltungen aller Art vermietet.

Das Gelände liegt verkehrsgünstig am Ostrand Mannheims, flankiert an der Südseite durch die Bundesautobahn A 656 und an der Westseite durch die vierspurige Bundesstraße B 38a.

Es besteht eine direkte Anbindung an den Öffentlichen Personennahverkehr (ÖPNV) durch Straßenbahn und Busse. Der südlich gelegene S-Bahn-Haltepunkt ist etwa 1 km entfernt.

Südlich der BAB A656 liegt die SAP-Arena mit der für Ligaspiele im Eishockey und im Handball geschaffenen Verkehrsinfrastruktur:
So gibt es Parkraum für bis zu 14.000 PKW. Busse reduzieren die Kapazität allerdings erheblich, da nur teilweise hinreichend befestigter Untergrund auf den Parkflächen vorhanden ist.

Das Messegelände ist umzäunt und von der unteren Katastrophenschutzbehörde für etwas mehr als 70.000 Besucher zugelassen. Rund um das Gelände führt ein asphaltierter Versorgungsweg, welcher bei Großveranstaltungen gleichzeitig als Rettungsnotweg dient.

Kritische Massenphänomene können sich an zwei Punkten ergeben. Der Großparkplatz P20 wird durch die Bundesstraße B38a vom Veranstaltungsgelände abgetrennt. Besucher gelangen ausschließlich über eine etwa fünf Meter breite Fußgängerbrücke zum Haupteingang des Messegeländes und zurück.
Bei Großveranstaltungen mit festgelegtem Ende, wie beispielsweise Open Air Konzerten, stauen sich an der Ostseite der Brücke, gegenüber dem Haupteingang, die Parkplatznutzer. Mit diesen Fußgängerströmen mischen sich die Nutzer des ÖPNV, da die Straßenbahn- und Bushaltestelle direkt südlich dieser Traverse angrenzt.

Maimarktgelände[4]

4 Luftbild PP Mannheim beim Bon-Jovi Konzert am 16.07.2011

Dasselbe Phänomen ergibt sich am Haupteingang beim Abströmen der Zuschauer, da dort eine bauliche Verengung besteht und sich das Tor nicht komplett, sondern nur durch mehrere Flügeltüren öffnen lässt.

Störungen von außen lassen sich durch die günstige Lage taktisch einfach bewältigen.

Haupteingang Maimarktgelände[5]

5 Luftbild PP Mannheim beim Bon-Jovi Konzert am 16.07.2011, VIP-Fans kurz vor dem Einlass

Beurteilung der Kräftelage

Langer Marsch der Kurdischen Jugend

Die Planungen für die jeweilige Etappe gingen alle beteiligten Polizeidienststellen zunächst verhalten an. Als Polizeiführer hatte ich zunächst die Absicht, den verantwortlichen Zugführer des Einsatzzuges Mannheim mit der Begleitung zu betrauen.

Als es jedoch gleich nach dem Grenzübertritt auf der zweiten Etappe von Kehl nach Rheinau-Freistett zu ersten Provokationen und Straftaten durch die Marschteilnehmer kam, entschloss ich mich, die Etappe auf Mannheimer Zuständigkeitsgebiet selbst zu führen. An allen Etappen nahmen zwischen 100 und 175 Personen teil. Aufgrund einer in Teilen aufgeheizten Stimmung kam es, insbesondere beim Aufeinandertreffen mit türkischen Staatsangehörigen, zu aggressiven Reaktionen bis hin zu körperlichen Übergriffen.[6]

Ich hielt ein Kräfte- / Störer Verhältnis von annähernd 1:1 und damit ein Kräftevolumen von drei Zügen für angemessen und ausreichend, um zu erwartende, vereinzelte Störungen beseitigen zu können.

6 Drucksache 15/2424, zu 1., Landtag BW

Kurdisches Kulturfestival

Die Informationslage für die Erstellung einer fundierten Gefahrenprognose hinsichtlich potenziellem Störer Verhalten war dünn und wenig aussagekräftig. So fasste ich für den Veranstaltungstag des Kulturfestivals den Entschluss, den Einsatz in zwei Zeitphasen mit einem Überlappungszeitraum durchzuführen, für welchen ich mir eine Reserve vorhalten würde.

Es waren Formalverstöße gegen Bestimmungen des Vereinsgesetzes zu erwarten und darüber hinaus bei Konfrontationen einzelne Körperverletzungsdelikte oder vereinzelte Widerstandshandlungen. Der Legalitätspflicht wollte ich, in enger Absprache mit der für Verstöße gegen das Vereinsgesetz zuständigen Staatsanwaltschaft Karlsruhe, durch räumlich vom Haupteingang des Maimarktgeländes abgesetzte Strafverfolgungsmaßnahmen in der Anmarschphase genügen.

Aufgrund der beschriebenen latenten Spannungen und der Gefahr gewalttätiger Aktionen durch emotionalisierte Jugendliche entschied ich mich zu einer defensiven, deeskalierenden Einsatztaktik.

Nach Beginn der Veranstaltung und einem absehbar friedlichen Verlauf wollte ich den Einsatz mit schwächeren Kräften in der Zeitphase II beenden.

Kapitel 2

Langer Marsch der Kurdischen Jugend von Straßburg nach Mannheim

Lagebild Einsatzkräfte

Mit dem Ansinnen „Anerkennung der Identität des kurdischen Volkes - Freiheit für Öcalan“ marschierten nun seit dem 1. September 2012 bis zu 150 kurdische Demonstranten in Tagesetappen von Straßburg kommend auf Mannheim zu. Das Eintreffen des Aufzuges in unserem Zuständigkeitsgebiet war im Verlauf des Freitags, dem 7. September zu erwarten.

Es handelte sich zwar um das letzte Schulferienwochenende in Baden-Württemberg. Durch das von der FIFA international festgelegte WM-Qualifikationswochenende fanden jedoch glücklicherweise keine größeren Fußballeinsätze im Land statt, sodass für den Sondereinsatz alle angefragten Kräfte unterstellt wurden.

Die am 7. September morgens eingesetzte Hundertschaft musste aus arbeitszeitrechtlichen Verpflichtungen um 13.30 Uhr, exakt dem Zeitpunkt des Eintreffens des Aufzuges am Übergabeort in Brühl, entlassen werden, da sie für den Folgetag bereits wieder für die Zeitphase I des Einsatzes, ab sieben Uhr morgens, beim Kulturfestival eingeplant war.

Der Einsatzzug der PD Heidelberg war am Vormittag, im Bereich der benachbarten Polizeidirektion Heidelberg, im Raumschutz eingesetzt.

Nach Ankunft im Zuständigkeitsbereich des PP Mannheim auf der Gemarkung Brühl legten die Marschteilnehmer erst einmal eine halbstündige Rast ein.

Der Einsatzzug Heidelberg erhielt nun den Auftrag der Begleitung des Aufzuges. Zur Schonung der Kräfte ließ ich diese in der Mittagshitze aufgesessen begleiten, da ich nur eine kleine Reserve hatte und der Aufzug sich absehbar in den frühen Abend ausdehnen würde.

Als Zugriff standen die frischen Kräfte des Einsatzzuges Mannheim bereit. Die Reserve bildete ein kurzfristig unterstellter Alarmzug aus Einzeldienstkräften der PD Rastatt / Baden-Baden.
Die Marschteilnehmer zählten auf der Schlussetappe exakt 100 Personen. Das Kräfte / Störer Verhältnis war somit, wie geplant, nahezu eins zu eins.

Eintreffen des Langen Marsches in Brühl / RNK

Das Kooperationsgebot des BVerfG[7]

Der Versammlungsleiter

Durch die Lagefortschreibung der Vortage und insbesondere durch Telefonate mit der Befehlsstelle des PP Karlsruhe am 06.09.2012 sowie durch die Erkenntnismitteilung des PP KA vom selben Tag, gab es hinreichende Erkenntnisse und Informationen über die ständigen Provokationen der Marschteilnehmer gegenüber der Polizei und insbesondere die Konfrontationen und Ausschreitungen zwischen Nationaltürken und den Demonstrationsteilnehmern vom Vorabend, am Übernachtungsort des Etappenziels Bruchsal. Auch über die Verhaltensmuster des Versammlungsleiters und der eigentlichen, im Hintergrund agierenden, informellen Versammlungsleiter lagen alle verfügbaren Informationen vor.

Gleich am gewählten Rastplatz unweit der gemeinsamen Zuständigkeitsgrenze mit der Polizeidirektion Heidelberg, nahm ich Verbindung zum Versammlungsleiter Mehmet A. auf und teilte ihm mit, dass ich ihm, wenn er sich ausgeruht habe, den Ablauf der letzten Etappe erläutern wolle.

Da bekannt war, dass er bei wesentlichen Entscheidungen Rücksprache mit zumindest einem weiteren Marschteilnehmer halten musste, sagte ich ihm, er dürfe gerne weitere Personen, die Einfluss auf die Teilnehmer haben, zu dem Gespräch mitbringen.

7 BVerfGE 69, 315 - Brokdorf

Kooperationsgespräch mit dem Versammlungsleiter

Beurteilung der Kooperationsbereitschaft

Der Versammlungsleiter A. war zwar immer kooperativ und freundlich. Er war nach den Erfahrungen der Vortage und den Ereignissen bis zur Auflösung des Aufzuges allerdings erkennbar nur eingesetzter Strohmann. Er musste sich bei allen entscheidungsrelevanten Sachverhalten bei dem/den informellen Führer/n rückversichern. So stellte sich für das Kooperationsgespräch die Frage nach Einwirkungsmöglichkeiten auf die Marschteilnehmer nur bedingt.

Ich ließ deshalb meinen Beweissicherungs-Trupp eine Kamera aufbauen und erklärte Herrn A. und dem ihn begleitenden informellen Aufzugsleiter, dass ich ihre Persönlichkeitsrechte wahren werde (Rücken zur Kamera), dass ich dieses Kooperationsgespräch allerdings in Wort und Bild dokumentieren werde, um dieses im Falle von Verstößen der Versammlungsteilnehmer in die anschließenden Gerichtsverfahren einbringen zu können. Sie waren einverstanden und ich teilte Herrn A. mit, dass er sich ab sofort auf Mannheimer Gebiet aufhalte, dass er und die Versammlungsteilnehmer in den vorherigen Etappen jeden Kredit verspielt haben, dass ich bei jedem Auflagenverstoß sofort eingreifen und diesen ahnden werde und dass ich beim ersten Anzeichen für unfriedliches Verhalten den Marsch sofort beenden und die Versammlung auflösen werde. Ich verlangte von ihnen Respekt vor ihrem Gastland, Respekt vor der Rechtsordnung des Gastlandes und Respekt vor der Polizei. Ich fragte die Beiden, ob sie das verstanden haben und beide bejahten dies. Dann reichte ich beiden die Hand zur friedlichen Kooperation.

Marschverlauf und Auflösung

Der Versammlungsleiter teilte nach halbstündiger Rast am Übernahmeort mit, dass die Aufzugsteilnehmer einen Verpflegungsstopp machen wollten, aber nicht jetzt, sondern an einem späteren, geeigneten Ort, wo er dann auch Verpflegung nachführen wollte. Dies entsprach genau deren bisherigem Verhaltensmuster. Es wurde alles in die Länge gezogen, sodass die Ankunft sich absehbar in die Abendstunden verlagern würde.

Ein angebotener Rastplatz am Ortsende von Brühl war wegen fehlender Toiletten für die Frauen nicht akzeptabel. Ich ließ beim Möbelhaus Höffner, das an der Marschstrecke lag, anfragen, ob die weiblichen Marschiererinnen die Toiletten nutzen könnten und erhielt die Zustimmung des Verkaufsleiters. Die Marschierer ließen sich am Rand des Kundenparkplatzes (tatsächlich öffentlicher Verkehrsraum) zur Rast nieder.

Zwischenzeitlich hatte der Betriebsrat vom Entgegenkommen des Verkaufsleiters erfahren und beschwerte sich bei der Konzernleitung in Düsseldorf, weil sich die türkischen Mitarbeiter im Hause provoziert fühlten. Ich teilte dies dem Versammlungsleiter mit und bat ihn, um Stress zu vermeiden, seine Leute zum Weitermarsch an einen geeigneteren Ort aufzufordern. Diese hatten sich bereits zur Rast niedergelassen. Trotz missmutiger Reaktionen erreichte er einen Weitermarsch. Ich ließ dem Betriebsrat mein Bedauern ausrichten.

Am nächsten geeigneten Rastplatz, einem Teilstück des Stadtwaldes, nördlich des Mannheimer Stadtteils Pfingstberg, am Rande der Wachenburgstraße, mündet eine Ortsstraße, auf der Anwohnerverkehr herrscht. Gegen 16.30 Uhr näherte sich in langsamer Fahrt ein 3er BMW mit offenem Seitenfenster und vernehmbarer türkischer Folkloremusik, Fahrer ein junger Türke.

Dies wurde von den Marschteilnehmern offensichtlich als Provokation aufgefasst. Schlagartig wurde die Versammlung unfriedlich und gewalttätig. Eine Personenmehrheit der 100 Marschierer stürzte sich hysterisch auf den *„angreifenden türkischen Faschisten"* (Sichtweise der YEK-KOM in ihrer Pressemitteilung vom 10.09.2012).

Als besonders gewalttätig tat sich ein korpulenter Kurde hervor, der wie wild auf den BMW einschlug. Er wurde zunächst überwältigt und mit einem Kabelbinder gefesselt. Als dann jedoch ein zweites mit Türken besetztes Fahrzeug in langsamer Vorbeifahrt provozierte, verschärfte sich der Tumult.

Die Menge setzte dem Fahrzeug hinterher.

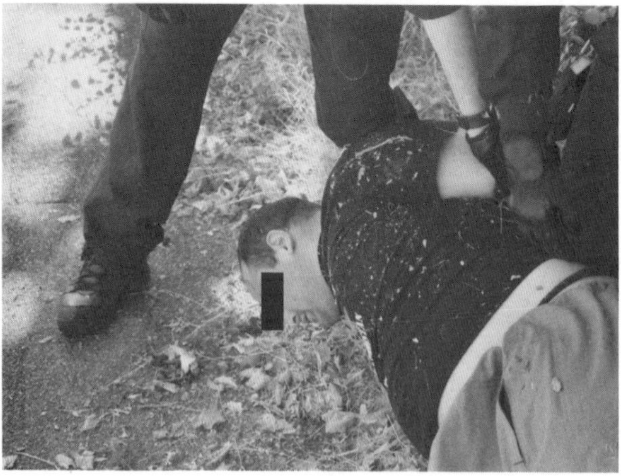

Festnahme nach Gewalttätigkeiten
und Landfriedensbruch

Festnahme nach Widerstand und Beleidigung

Der Festgenommene zerriss die Plastikfessel und stürmte wie ein Sprinter dem sich entfernenden BMW hinterher.

Der verfolgende Beamte, der zuvor die Festnahme durchgeführt hatte, lief bei der Verfolgung unmittelbar in den Abwehrstrahl aus der Pfefferspraykartusche seines Kollegen. Der Entkommene holte den BMW tatsächlich ein und schlug und trat wie von Sinnen auf das Fahrzeug ein. Noch unter Pfefferspraywirkung rang der Beamte den Gewalttäter unter enormer Kraftanstrengung nieder und nahm ihn erneut fest. Folge war bei dem Beamten eine totale physische Erschöpfung und er musste zur Beobachtung mit Verdacht auf einen leichten Herzinfarkt in die Klinik eingeliefert werden.

Nach Unterbindung der Tumulte durch Anwendung von unmittelbarem Zwang, dem Einsatz von Pfefferspray und der Durchführung mehrerer Festnahmen ließ ich den Versammlungsleiter zu mir kommen und teilte ihm um 16:53 Uhr mit, dass der Aufzug wegen Gewalttätigkeit aus der Versammlung heraus nun beendet sei und ich nun vollziehe, was ich zuvor beim Kooperationsgespräch angedroht hatte.
Er sei als Versammlungsleiter abgesetzt, müsse aber zuvor den Versammlungsteilnehmern die Auflösung bekannt geben. Eine fernmündliche Bestätigung der Auflösung durch die zuständige Versammlungsbehörde Kehl erfolgte unmittelbar im Anschluss.

Verhandlungsmarathon mit YEK KOM Funktionären

Herr Yüksel K., der Vorsitzende der YEK-KOM, Frau Gökay A., Mitverantwortliche des Kurdischen Kulturfestivals der YEK-KOM am Folgetag und vier weitere YEK-KOM-Funktionäre kamen als Vermittler vor Ort.

Es war nicht möglich, den kurdischen Funktionären zu vermitteln, dass deutsches Recht und darauf basierende Anordnungen, insbesondere Verwaltungsakte mit Sofortvollzugscharakter, nicht verhandelbar sind. Zuerst wollten sie über die Fortsetzung des Aufzuges verhandeln, dann über die Anzahl der aus Gründen der Ehre mitgeführten Öcalan-Fahnen, dann über die von mir als Bedingung für einen Fußmarsch zum Zielort eingeforderten drei Marschblöcke der Ansammlung, dann über den Marschabstand, dann über breites Klebeband, mit dem sich die Teilnehmer aus Protest über die Auflösung den Mund zugeklebt hatten, dann über das Nachführen der Einsatzfahrzeuge, damit der Sichtkontakt zwischen den Marschblöcken nicht abreißt, weil sie Angst vor weiteren Festnahmen hatten.

Bereitschaft zum Losmarschieren zeigten sie erst, als ich ihnen ein zehnminütiges Ultimatum unter Androhung weiterer polizeilicher Maßnahmen stellte.

Als sie unterwegs anfingen zu singen, stoppten wir die Marschblöcke. Ich wies auf das verfügte Versammlungsverbot hin und musste erneut mit Vollstreckungs- und Zwangsmaßnahmen drohen. Daraufhin schrie mich eine junge Kurdin wild und hysterisch an: „Sie lassen uns hier laufen wie die Hunde“ und ich entgegnete fragend: „Ja?“

Sofort umringten mich junge Marschteilnehmerinnen und es schlug mir eine hasserfüllte Empörung entgegen. „Sie können die Jugendlichen doch nicht so beleidigen" warf mir eine YEK-KOM-Funktionärin vor, während die Augen der umstehenden jungen Kurdinnen, die mich umringten, vor Zorn blitzten. Unter anderem aufgrund dieses Ereignisses wurde ich von der YEK-KOM öffentlich[8] als rassistischer Einsatzleiter beleidigt.

Man muss es erlebt haben, um zu verstehen, dass bei dermaßen fanatisch von ihrer Sache überzeugten Demonstrationsteilnehmern das Einfordern der Einhaltung von Auflagen nur bei unbeachtlichen, sie nicht in ihrem politischen Fanatismus einschränkenden Maßnahmen, möglich ist. Konsequentes Auftreten der Exekutive wurde von ihnen immer als Härte empfunden.

8 Pressemitteilung YEK KOM vom 15.09.2012

Kapitel 3

Ex-post Betrachtungen zum Langen Marsch

Kritische Betrachtung des Aufzuges im Lichte des Versammlungsrechts

Die Komplexität des deutschen Rechtssystems ist nicht eben leicht zu verstehen. Die Polizei als Exekutive muss in der Praxis den Adressaten der versammlungsrechtlichen Auflagen, hier einer Gruppe von Kurden, die sich hinsichtlich ihrer Aufenthaltsländer international zusammensetzen und denen man PKK-Nähe unterstellen kann, einerseits dieses deutsche Recht verständlich machen und dessen Beachtung einfordern. Andererseits muss man davon ausgehen, dass zumindest die informellen Führer bestens rechtlich beraten sind, wie weit sie das deutsche Recht auf Versammlungsfreiheit ausreizen können, ohne eine Auflösung zu riskieren.

Das Vereinsgesetz und die Rechtsfolgen

Überwiegend schwer verstanden wird auf kurdischer Seite die strafprozessuale Rechtssystematik im Zusammenhang mit Verstößen gegen das Vereinsgesetz. In Frankreich dürfen die Marschteilnehmer noch ihre PKK-Fahnen schwenken. Ab der Grenze sind diese nach deutschem Vereinsgesetz verboten. Dafür tragen die ausgewählten Öcalan-Anhänger Fahnen mit dessen Konterfei, nicht nur um auf dessen Haftbedingungen hinzuweisen, sondern insbesondere als Ausdruck ihrer politischen Überzeugung, ihres Volksstolzes und der Verehrung für Öcalan. Diese Fahnen sind somit in dieselbe Kategorie einzuordnen, wie die in Deutschland verbotenen Symbole der PKK und Nachfolgeorganisationen.

Die Polizei unterliegt der Legalitätspflicht und nimmt ihnen die im Einzelfall verbotenen Fahnen und Symbole, auch unter Anwendung von Zwang, weg. Sie werden als Straftäter behandelt und zur Anzeige gebracht, aber sie erfahren keine Sühne der Straftat. Das Vereinsgesetz ermöglicht es dem Gericht, von Strafe abzusehen, „wenn bei Beteiligten die Schuld gering oder deren Mitwirkung von untergeordneter Bedeutung ist" (§ 20 Abs. 2 VereinsG). Die Staatsanwaltschaft stellt deshalb gesetzeskonform bei Erstverstößen regelmäßig das Verfahren ein.

Auflösung und Reaktionen der Betroffenen

Im Falle der Auflösung der Versammlung / des Aufzuges müssen die Teilnehmer auch die zuvor qua versammlungsrechtlicher Auflage legal mitgeführten Öcalan-Fahnen entweder einrollen oder abgeben, wenn sie den verbleibenden Weg zum Zielort zu Fuß zurücklegen wollen.

Diese Untersagung der Meinungskundgabe bzw. Wegnahme der Fahnen durch die Polizei empfinden die betroffenen Kurden als ehrenrührig und wollen darüber verhandeln.
Der deutsche Rechtsstaat gewährt jedoch hinsichtlich der Fortsetzung einer aufgelösten Versammlung keinen Verhandlungsspielraum.

Trotz eindeutig rechtmäßigen Handelns der Polizei empfindet die kurdische Seite diese Maßnahmen offensichtlich als Provokation.

In ihrer Pressemitteilung vom 10.09.2012 verlautbart die YEK-KOM: „Die Verantwortung für den Ausbruch der Gewalt trägt in erster Linie die Polizei, die in den vergangenen Tagen vor allem die kurdischen Jugendlichen drangsalierte und zu provozieren versuchte."

Die Auflagen der Versammlungsbehörde

In langjährig geübter Praxis der Versammlungsbehörden haben sich Standardformulierungen für Auflagen bei gleichartigen Sachverhalten herausgebildet. Als Polizeiführer wird man mit den Formulierungen vertraut und stimmt den Auflagenkatalogen meist ohne Änderungswünsche zu. Tatsächlich gibt es aber Sachverhalte, die der genaueren Betrachtung bedürfen.

> *Durch die Veranstaltung darf der Verkehr weder übermäßig beeinträchtigt noch behindert werden.*

Das ist Innerorts nicht und Außerorts auf der Marschstrecke nur bedingt möglich. Der Polizeiführer der PD Heidelberg ließ den Aufzug am Freitagmorgen durch eine Hundertschaft zu Fuß begleiten und führte die Fahrzeuge am Ende des Aufzuges nach. Das Ausmaß und die Aufzugslänge erreichen da schnell 200 Meter.

Überholen nicht möglich,
der gleichgerichtete Verkehr muss warten

Ein innerörtlicher Verkehr findet während des Durchmarsches entlang der Aufzugsstrecke praktisch nicht statt. Außerorts sind die mitgeführten Polizeifahrzeuge nur schwer oder gar nicht zu überholen. Diese Auflage lässt sich nicht durchsetzen. Die Bestimmung kann reduziert werden auf tangierte hoch frequentierte Verkehrsadern.

Öcalan-Bilder:
Textbeiträge ausschließlich personenbezogen und keinerlei politischer Bezug

Die staatlichen Behörden sind gehalten, nach dem Vorbild friedlich verlaufender Großdemonstrationen versammlungsfreundlich zu verfahren und nicht ohne zureichenden Grund hinter bewährten Erfahrungen zurückzubleiben.[9]

So wurde in der verwaltungsgerichtlichen Rechtsprechung der Grundsatz entwickelt, dass Öcalan-Bilder bei Versammlungen mitgeführt und gezeigt werden dürfen, wenn sie individuell auf den Gesundheitszustand und die Haftbedingungen hinweisen sollen.

Kann im Einzelfall der Nachweis geführt werden, dass das Mitführen und Zeigen der Öcalan-Bilder zum Ausdruck der Sympathie und Unterstützung für die PKK oder deren Unterorganisationen erfolgt, so ist dies verboten. Die Unterschiede haben die Verwaltungsgerichte in Berlin und Bremen herausgearbeitet.[10] Klarheit ergibt sich also nur

---

9 BVerfGE 315, 69 – Brokdorf, 3. Leitsatz, http://www.jurakopf.de/liste-ausbildungsrelevanter-urteile/offentliches-recht/bverfge-69-315-brokdorf/

10 zulässig: OVG Berlin – Az: OVG 1 S 79.08; unzulässig:VG Bremen Az: 5 K 1408/08

aus der Bewertung des Einzelfalles. Hier liegt die Schwierigkeit. Da es um die Einstellung der Versammlungsteilnehmer geht, muss bei der Gefahrenprognose die Zusammensetzung der Demonstranten und deren Gesinnung beurteilt werden. Dies ist gerade in Gruppierungen solcher Kulturkreise, die sich gegenüber dem Staat abschotten, äußerst schwierig.

Die Formulierung der Auflage fällt deshalb in der Regel pro Mitführen der Öcalan Fahnen aus.

Fast jeder trägt eine Öcalan-Fahne
als Zeichen der Verehrung.

Erfolgt während des Aufzuges durch die Fahnenträger eine Unterstützungshandlung für die PKK gerät die Polizei in eine Zwangslage.

Will sie das Einhalten der Auflage einfordern, birgt dies bei entsprechender Zusammensetzung der Teilnehmer regelmäßig die Gefahr der Eskalation. Die Polizei muss die Wegnahme meist mit Zwang durchsetzen und die gesamte Versammlung oder Teile davon werden unfriedlich.

Klarheit besteht, wenn der Aufzug aufgelöst werden muss. Greift aber das Separierungsgebot des Bundesverfassungsgerichts[11] für einzelne Fahnenträger ist in diesem konkreten Fall in der Verwaltungspraxis den überregional oder international zusammengesetzten kurdischen Marschteilnehmern nicht verständlich zu machen, warum die einen weiterhin die Fahnen schwenken dürfen, während die anderen die Fahnen weggenommen bekommen.

Bei internationaler oder überregionaler Zusammensetzung der Versammlungsteilnehmer zeigt die Erfahrung, dass eher von ideologischer PKK Unterstützung, denn von Protest gegen individuelle Belastungen Öcalans ausgegangen werden kann.
Die Versammlungsbehörde sollte in diesen Fällen beraten werden, in den Auflagen ein Fahnenverbot zu erlassen.

Pünktlichkeit; Anwesenheit eine halbe Stunde vor angemeldetem Marschbeginn

Mein Eindruck, den ich bei den Verantwortlichen der YEK-KOM und den Marschteilnehmern gewonnen hatte, war, dass sie glaubten, über alles verhandeln zu können. Hinzu kam, dass es sich bei den Teilnehmern des Marsches überwiegend um ausgewählte PKK-Anhänger handelte, die gezielt auf Provokationen der Polizei aus waren, sei es durch Gesten, sei es durch Anfeindungen.
Eine konkretisierte Zeitspanne wird kaum eingehalten. Um den Respekt vor der Rechtsordnung wieder herzustellen, sollten Auflagenverstöße konsequent mit Bußgeldern geahndet werden.

---

11 BVerfGE 69, 315 - Brokdorf

Die Versammlungsbehörde

Für gefahrenträchtige Aufzüge über mehrere Zuständigkeitsgrenzen sollte, analog der Verfahrensweise anlässlich der Einsatzmaßnahmen beim NATO-Gipfel 2009 in Baden-Baden und Straßburg, ein Regierungspräsidium als Mittelbehörde die Aufgabe der Versammlungsbehörde übernehmen. Es bietet sich das Regierungspräsidium an, das für den Zielort zuständig ist, im vorliegenden Fall also das Regierungspräsidium Karlsruhe. In jedem Falle muss aber ein Vertreter der Versammlungsbehörde ständig am Aufzug präsent und ansprechbar sein.

Offensivere Auslegung der Verbotsbestimmungen

Am Abend des 5. September 2012 kam es am Übernachtungsort der 5. Etappe in Bruchsal zu massiven gewalttätigen Ausschreitungen.

Der Polizeiführer der 5. Etappe und sieben seiner Beamten gerieten im Rahmen der Nachaufsicht bei den tumultartigen Auseinandersetzungen in arge Bedrängnis und mussten sich Steinbewurf und körperlichen Angriffen erwehren. Fünf Beamte wurden verletzt.

Die Stadt Kehl war für alle Etappen in Baden Württemberg zuständige Versammlungsbehörde. Diese wurde von der Polizei am 6. September 2012 schriftlich von den bisherigen Vorfällen in Kenntnis gesetzt und um Prüfung der Möglichkeit eines Verbots der Versammlung gebeten. Die Versammlungsbehörde Kehl sah in Abstimmung mit der Stadt Bruchsal ein Versammlungsverbot als nicht tragfähig an.[12]

---

12 Drucksache 15/2424, zu 6., Landtag BW

Solche Ausschreitungen, die von Versammlungsteilnehmern einer mehrtägigen Versammlung außerhalb der geplanten Tagesetappen, aber innerhalb der Gesamtmarschdauer begangen werden, müssen der mehrtägigen Versammlung zurechenbar sein.

Eine Versammlung über mehrere Tagesetappen verliert m.E. nicht am Übernachtungsort, hier einem alevitischen Vereinshaus, den Gesamtcharakter einer Meinungskundgabe.

Die Versammlung wird nicht täglich beendet und neu angefangen!

Mit dieser offensiven Auslegung des Versammlungsrechtes wäre der Aufzug schon in Bruchsal aufgrund gewalttätigen und aufrührerischen Verlaufs aufzulösen und zu beenden gewesen.

Prognostisch wäre die Hetzpropaganda über die Internetmedien, ausgelöst durch die Auflösung der Versammlung am Vorabend des Kulturfestivals in Mannheim, die eine der Ursachen für die Gewaltexplosion am Samstag war, vielleicht ausgeblieben. Zumindest wäre sie aber thematisch anders und weniger unmittelbar ausgefallen.

Bei konsequenter Auflösung am Mittwochabend in Bruchsal wären zudem zwei provokationsträchtige Marschtage entfallen und die Gemüter hätten sich möglicherweise beruhigt.

Vielleicht wäre dann auch nicht die Polizei am Veranstaltungsort Mannheim zum Feindbild der Kurden geworden.

Gefahrenprognose
Bei akuten religiösen, ethnischen oder kriegerischen Auseinandersetzungen im Heimatland von Teilnehmern einer Versammlung in Deutschland bedarf es einer umfassenden und belastbaren Gefahrenprognose, um Störungspotenziale zu erkennen und diese richtig einzuschätzen. Hierzu ist Aufklärung auf Seiten potenzieller Störer erforderlich.

Ist die Informationslage hinsichtlich beabsichtigter Störungen, wie im Vorfeld des Kulturfestivals, undurchsichtig bis gar nicht vorhanden, kann gezielt eingesetzte Propaganda latent vorhandene Störpotenziale aktivieren.

In öffentlicher Sitzung des Innenausschusses des Landtages von Baden-Württemberg am 13. März 2013 führte Innenminister Reinhold Gall aus, dass sowohl für den Marsch als auch für die Kulturveranstaltung keine konkreten Gefährdungshinweise vorgelegen hätten. Aufgrund der angespannten Lage in der Türkei hätten die Sicherheitsbehörden jedoch gleichwohl gewalttätige Auseinandersetzungen in die Erwägungen und in die einsatzpolizeilich taktischen Maßnahmen einbezogen.[13]

Landespolizeipräsident Prof. Dr. Hammann ergänzte hierzu: Die Polizei lerne aus diesem Einsatz, dass für Einsatzbewertungen im Vorfeld bei der Planung eine optimale Erkenntnislage aller Sicherheitsbehörden vorhanden sein müsse. Dies sei in Abhängigkeit davon, um was für eine Veranstaltung und was für eine Bevölkerungsgruppe es sich handle, unterschiedlich schwierig. Beispielsweise sei es für die Polizei schwieriger, Informationen aus kur-

13 Drucksache 15/3398, S. 37, Landtag BW

dischen Bevölkerungskreisen zu erhalten, als wenn es um andere Bevölkerungskreise gehe.[14]

Internetberichterstattung und Propaganda

Bereits kurz nach den erwähnten Auseinandersetzungen nach der 5. Etappe in Bruchsal berichtete die kurdische Internetseite Rojaciwan:

> ***Türkische Faschisten haben mit Hilfe der deutschen Polizei kurdische Jugendliche angegriffen.***
>
> *Die Teilnehmer des langen Marsches erreichten heute Abend Bruchsal. Die Jugendlichen versammelten sich im alevitischen Verein. Gegen 21:30 Uhr haben türkische Faschisten mit ca. 10 Fahrzeugen und türkischer Fahne die Jugendlichen vor dem alevitischen Verein angegriffen. Auch die deutsche Polizei unternahm nichts gegen die türkischen Faschisten und griff auch den kurdischen Verein an. Auf der einen Seite griffen die türkischen Faschisten kurdische Jugendliche an und auf der anderen Seite griff die Polizei Jugendliche an, die ihren Freunden helfen wollten. Robin G., der von türkischen Faschisten ins Auto gezerrt wurde, wurde mit der Begründung festgenommen, weil er aus Notwehr einem Faschisten eine reingehauen hat.*
>
> *Die Kamera von dem Journalisten der Zeitung Özgür Politika, Deniz A., wurde von der Polizei zerstört. Obwohl die Journalisten ihre Presseausweise zeigten, wurde gesagt. „ihr seid doch auch Kurden“ und anschließend wurden sie angegriffen.*

---

14 a.a.O., S. 38

Seitdem der Marsch angefangen hat, provozierte die Polizei mit türkischen Faschisten zusammen den Marsch und beleidigte die kurdischen Jugendlichen und griff diese an.

Die Jugendlichen warten immer noch im alevitischen Verein und der Verein ist von der Polizei umzingelt.
Es wurde gemeldet, dass am Bahnhof in Bruchsal 200 türkische Faschisten sich versammelt haben. Kurdische Jugendliche rufen alle kurdischen Jugendlichen in Europa auf, morgen früh um 08:30 Uhr nach Bruchsal zu kommen, um gegen die Polizei zu protestieren und gegen türkische Faschisten Widerstand zu leisten.
Adresse: Friedrich Kaiserstrasse 13-21, Bruchsal[15]

In gleichartiger Weise wurde während des gesamten Marsches auf mehreren kurdischen Internetseiten berichtet.
Der Marsch wurde ständig von mindestens zwei kurdischen Pressevertretern begleitet, die aufdringlich ihre „Presseausweise" um den Hals trugen und sie jedem Einsatzbeamten ständig unter die Nase hielten, um nicht des Platzes verwiesen zu werden. Nicht nur, dass unter der Überschrift *„Blockade des langen Marsches"* sofort die aktuelle Ortsangabe in Mannheim und Einzelheiten über die „Verhandlungen" mit der Polizei sowie Fotos auf der Homepage der ROJ News Agency eingestellt wurden, die Internetseite gewährte am Tag der Auflösung in Mannheim auch Raum für einen propagandistisch abgefassten Solidarisierungsaufruf der Apoistischen Jugend Deutschlands:

15 www.rojaciwan.com vom 05.09.2012 um 22:51 Uhr (Übersetzung)

Wir als die Apoistische Jugend Deutschland und Europa rufen sämtliche GenossInnen dazu auf, sich mit uns zu solidarisieren und an den angegeben Ort zu kommen und uns zu unterstützen.
Lasst uns gemeinsam unseren Weg nach Mannheim, den Ort unserer Freundinnen Ronahi und Beritan beenden.

UNSERE SOLIDARITÄT
GEGEN IHRE REPRESSIONEN

Apoistische Jugend Deutschland
Quelle: Teilnehmer des Langen Marschs[16]

Der im Hauptdienstgebäude des PP Mannheim untergebrachte Einsatzabschnitt Bearbeitung entließ am Abend nach und nach die Festgenommenen. Unter ihnen war ein Kurde, der wegen Widerstands vernommen wurde. Volle zwei Stunden ließ er sich von einem Dolmetscher jedes Wort der Belehrung erklären. Er verließ aufrechten Ganges das Polizeipräsidium. Einige Zeit später beschwerte sich eine YEK-KOM Vertreterin, dass der „Jugendliche" im Polizeigewahrsam schwer misshandelt worden und mehrfach mit dem Kopf gegen Türen geschlagen worden sei und dass sein Unterschenkel gebrochen wurde. Er läge im Krankenhaus, sein Zustand sei schlecht. Ein Beamter der Bearbeitung holte umgehend beim behandelnden Arzt die Diagnose ein: eine geschwollene Lippe (vom Widerstand) und ein geprellter Knöchel.

16 www.rojnewsagency.com/kurzmeldung/blockade-des-langen-marschs-1535.html am 08.09.2012

Bei dem angeblich Jugendlichen handelte es sich in Wirklichkeit um einen 25jährigen Kurden aus Marseille, der als Jugendfunktionär der PKK in Frankreich identifiziert wurde.
Sowohl er, wie auch weitere Teilnehmer des Marsches sind einschlägig polizeibekannt und weisen zum Teil schwerste Straftatbestände auf.
Währenddessen verbreitete sich ebenso schnell die Nachricht von einem zweiten Misshandelten im Polizeigewahrsam. „Er müsse intensivmedizinisch stationär behandelt werden. Es ginge ihm sehr schlecht“, teilte uns eine YEK-KOM Funktionärin mit. Bei dem Mann handelte es sich um den korpulenten Kurden, der am Auflösungsort des Langen Marsches unter Adrenalin die Handfesseln zerrissen hatte.
Auch ihm widerfuhr im Gewahrsam kein Leid.
Bei seinem bei den Tumulten an den Tag gelegten Verhalten und den dadurch zu vermutenden physischen Überanstrengung waren allerdings körperliche Erschöpfungszustände und schmerzhafte Prellungen von den Tritten und Hieben gegen die türkischen Fahrzeuge bei ihm durchaus vorstellbar.
Festzustellen ist auch, dass die kurdische Seite unter dem Begriff Jugendlicher etwas anderes versteht, als die öffentliche Verwaltung. Keiner der Festgenommenen war Jugendlicher im Sinne des Gesetzes. 90 Prozent der Teilnehmer waren zwischen 20 und 45 Jahre alt.

Unsere Pressestelle gab nach Kenntnisnahme der Propagandameldung zwar umgehend eine Gegendarstellung über den üblichen Presseverteiler heraus – das Medium ist allerdings nicht geeignet, die Veranstaltungsteilnehmer, insbesondere die Gewaltgeneigten, zu erreichen. Die

Adressaten wurden über die sozialen Netzwerke und verschiedene kurdische und linksautonome Medien im Internet einseitig informiert.

Außerdem fand vor Ort eine kurdische Podiumsdiskussion statt, die von dem kurdischen Fernsehsender Sterk TV live übertragen wurde. Die Gerüchte über die Misshandlungen kurdischer Jugendlicher im Polizeigewahrsam waren somit in kurdischen Kreisen breit in Umlauf gesetzt.

Kräftesituation

Aus Polizei taktischer Sicht kann selbst ein Kräfte- / Störer- Verhältnis von 1:1 für ein offensives polizeiliches Vorgehen ungünstig sein, wenn neben reiner Lagebereinigung auch noch beweissichere Festnahmen größeren Umfanges durchgeführt werden müssen.

Mangels starker Reserven bedarf es dann bei Veranstaltungen mit Tumultpozenzial neben eingespielten Interventionskräften einer erfahrenen und aufmerksamen Aufklärung und insbesondere einer erfahrenen und technisch auf aktuellem Stand ausgerüsteten Beweissicherung und Dokumentation.

Der Einsatzabschnitt Aufklärung war von dieser Art und ausreichend stark aufgestellt. Während der Ausschreitungen am Auflösungsort beobachtete ein Aufklärungstrupp, wie ein Marschteilnehmer aus dem mitgeführten Begleitfahrzeug Granitwürfelsteine bereitlegte. So konnte ein unmittelbar bevorstehender Angriff auf die Polizeikräfte unterbunden und der Täter festgenommen werden.

Der dreiköpfige BeDo-Trupp war immer im Einsatzraum und hatte eigentlich den Auftrag, einen Dokumentarfilm zu erstellen. So entstand wertvolles Filmmaterial von den Gewalttätigkeiten zur späteren Auswertung für die Einleitung von Ermittlungsverfahren.

Begleitung / Zugriff / Reserve

Der Einsatz am Freitag verlief unfriedlich. Angreifer und Angegriffene mussten getrennt, Störungen unterbunden und Straftäter festgenommen werden. Die Einsatzkräfte schafften es, unter Anwendung von Zwangsmitteln den gewalttätigen Aufzug aufzulösen, dabei begangene Straftaten beweissicher festzustellen, neun Täter festzunehmen und der Sachbearbeitung zuzuführen und die Ansammlung, später den verbotenen, wieder formierten Aufzug gewaltfrei zum Zielort zu begleiten.

Die Lagebewältigung erfolgte dabei mit den stehenden Einheiten der Einsatzzüge Mannheim und Heidelberg sowie einem aus der Alltagsorganisation aufgerufenen Alarmzug. Eine noch größere Anzahl von Festnahmen hätte sich jedoch bis weit in den Abend gezogen.
Dennoch, ohne die Leistungsstärke und den hohen taktischen Einsatzwert der beiden eingespielten Einsatzzüge hätte die Konfrontation mit den Störern bereits am Freitagabend zu schwereren Folgen führen können. Der Alarmzug aus Rastatt/Baden-Baden war eine wertvolle und unverzichtbare Unterstützung. Bei gleicher Stärke, aber mit drei Alarmzügen des Einzeldienstes wäre eine Lage dieses Ausmaßes nicht mit dem gleichen Erfolg zu bewältigen gewesen.

Allerdings zogen die Teilnehmer kurz vor der Ankunft – es war bereits dunkel und Außenwirkung gab es nicht, unter ihrer Oberbekleidung versteckte, nach Vereinsgesetz verbotene Fahnen heraus und begannen wieder zu skandieren. Am Haupteingang angekommen, zogen sich die Teilnehmer dann hinter den Schutz des Haupteingangstores zurück, von wo aus sie Parolen wie „Bici PKK" oder „Deutsche Polizisten schützen die Faschisten" skandierten und die Einsatzkräfte mit aufgesammelten Kieselsteinen bewarfen.

Statt eine erneute Konfrontation einzugehen, wurde das Verhalten zu Beweiszwecken filmisch dokumentiert.
Die Polizeikräfte zogen sich dann einfach zurück.

Verbotener Aufzug kurz vor der
Ankunft am Maimarktgelände

Hinter dem Tor wurden sofort verbotene Fahnen gezeigt.

Beleuchtung der Legalitätspflicht

Eine Öffentlichkeitswirkung trat beim beschriebenen Ankunftsszenario nicht ein. Wir ließen die Störer unbeachtet zurück und beendeten den Einsatz vor Ort. Natürlich staut sich da bei jedem rechtstreuen Polizeibeamten Frustration auf.

Nach einem zermürbenden Tag, nach 15stündiger Einsatzdauer für Teilkräfte, muss aber, mit Rücksicht auf die verbliebenen polizeitaktischen Möglichkeiten, bei Sachverhalten, die überwiegend an der unteren Skala der Strafandrohung rangieren und die von der Staatsanwaltschaft regelmäßig eingestellt werden, der Rechtsanspruch des Staates vorübergehend zurücktreten bzw. aufgeschoben werden.

Ich wusste, dass an den Vortagen, bei den diversen Konfrontationen, bereits mehrere Personalienfeststellungen durchgeführt worden waren. Ich entschloss mich also, die Strafverfolgung durch spätere Auswertung des Videomaterials zu betreiben. Ein sofortiges Durchsetzen des Rechts wird auch im Rahmen unserer Legalitätspflichten nicht um jeden Preis gefordert.

Bei der Kollision von Rechtsgütern mit Verfassungsrang wird in der verfassungsrechtlichen Diskussion u.a. das Prinzip der praktischen Konkordanz[17] angewendet. Bei der Güterabwägung zwischen vorliegender Straftatenqualität, ergo dem Strafanspruch des Staates und der körperlicher Unversehrtheit der Einsatzkräfte müssen beide verfassungsrechtlich geschützten Rechtsgüter als mindestens gleichrangig gewertet werden. Meines Erachtens ergibt sich daraus sowohl ein zeitlicher, wie auch taktischer Ermessensspielraum für die Strafverfolgung.

---

17 Das Prinzip der praktischen Konkordanz ist ein Fachbegriff des deutschen Verfassungsrechts. Der Begriff wurde von Konrad Hesse geprägt und in der verfassungsrechtlichen Diskussion etabliert. Es handelt sich dabei um eine Methode der Lösung von Normenkollisionen.(http://de.wikipedia.org/wiki/Praktische_Konkordanz)

Kapitel 4

Einsatzphase I - Kurdisches Kulturfestival

Luftaufnahme Festivalgelände am frühen Nachmittag

Planungen zur Einsatzphase I (07.00 – 16.00 Uhr)

Ich hatte mich entschlossen, im Rahmen der Kräfteverfügbarkeit an diesem Ferienwochenende mit starken Kräften, durch Gliederung in die operativen Abschnitte Aufklärung, Intervention, Sicherheits- und Ordnungsdienst (SOD) sowie Reserve in der Phase I auf dem Anmarschweg von den Parkplätzen, abgesetzt vom Haupteingang, erkannte Straftäter festzuhalten und bei Formalverstößen einer vereinfachten Bearbeitung zuzuführen. Der SOD sollte die Interventionskräfte abschirmen. Die Reserve sollte das Zeitfenster der Überlappungszeit beider Einsatzphasen verstärken. Außerdem ließ ich mit schwachen eigenen Kräften Raumschutz im Stadtgebiet durchführen.

Ein starker Verkehrsabschnitt inklusive Parkplatzkoordination sollte insbesondere die heikle Anfahrtsphase bewältigen.

Es gab im Vorfeld keinerlei Störungserkenntnisse hinsichtlich Gewaltbereitschaft. Die Ereignisse vom Vortag ließen deshalb nicht zwingend auf einen unfriedlichen Verlauf beim Festival schließen, weil zum Einen nach Einschätzung aller Sicherheitsorgane die Linie der PKK außerhalb der Türkei auf „friedlich" geschaltet war und das Kulturfestival als „Aushängeschild" der Kurden in Europa dienen sollte und andererseits die YEK-KOM Funktionäre beteuerten, dass nichts mehr passieren werde.
So führten die Interventionskräfte in der Einsatzphase I die Verfolgung von erkannten Verstößen gegen die Bestimmungen des Vereinsgesetzes durch, wissend, dass die zuständige Staatsanwaltschaft Karlsruhe Erstverstöße bei geringer Schuld einstellen wird.

Erneutes Kooperationsgespräch mit der YEK-KOM

Um 09.30 Uhr fand auf dem Festivalgelände mit dem Vorsitzenden ein Kooperationsgespräch statt. Er sicherte nochmals zu, dass heute alles friedlich bliebe und bat darum, von einer Überprüfung der Info- und Verkaufsstände auf verbotene Symbole Abstand zu nehmen. Er versicherte, dass nur Bücher und keine Fahnen verkauft würden. Eine Nachschau würde nur zu neuerlichen Provokationen führen – nur eines von mehreren Beispielen für deren Argwohn gegenüber der Polizei.
Im Übrigen hielt sich der Veranstalter auch nicht an die Vereinbarungen hinsichtlich des Ordnereinsatzes.
Die mit dem Ordnungsdienst und den Einlasskontrollen betraute private Sicherheitsfirma übernahm Absprache widrig zunächst nur mit 30 Ordnern, einem Bruchteil der 200 vertraglich vereinbarten Ordner, verspätet die Einlasskontrollen. Davor wurde der Zugang von kurdischen Ord-

nern betreut. Erst nach 11.00 Uhr trafen weitere Ordner der Firma ein. Für einen Zeitraum von mehr als vier Stunden waren viel zu wenige private Sicherheitskräfte am Einlass. Wegen ihrer geringen Zahl waren diese bei den Personenkontrollen überfordert.
Es war also nicht verwunderlich, dass viele verbotene Fahnen eingeschleust und während der Veranstaltung gezeigt wurden.

Absprache mit Staatsanwaltschaft

Unter dem Eindruck vom Vortag und dem gerade geführten Gespräch mit dem YEK-KOM-Vorsitzenden holte ich mir die Bestätigung der für Verstöße gegen das Vereinsgesetz zuständigen StA Karlsruhe ein, dass ich ab sofort die Kontrollmaßnahmen der vom Veranstalter eingesetzten Ordner am Haupteingang nur noch beobachtend begleite und lediglich bei Weigerung der Herausgabe oder bei Widersetzlichkeit eingreifen werde, um Provokationen zu vermeiden. Bei Formalverstößen würde ich dort gänzlich auf Strafverfolgung verzichten.
Vom Einsatzabschnitt SOD befand sich kurze Zeit später eine Fußstreife auf dem Veranstaltungsgelände. Offensichtlich hatten sie an einem Infostand kurz angehalten. Bereits dieses Verhalten führte zu einem aufgeregten Anruf des Sicherheitsbeauftragten der YEK-KOM. Die Polizei hätte doch versprochen, dass die Infostände nicht durchsucht werden. Gerade jetzt seien aber Polizeibeamte vor Ort und würden durchsuchen. Diese Reaktion zeigte erneut den Argwohn des Veranstalters gegenüber der Polizei als Ordnungsmacht. Es zeigt aber auch, dass man sich auf Zusicherungen der Funktionäre nicht verlassen konnte.

Die Anmarschphase der Festivalteilnehmer verlief ruhig und friedlich. Auch bei den vereinzelten, kurzzeitigen Freiheitsentziehungen zur Strafverfolgung blieb es friedlich.

Der Einsatzabschnitt Verkehr konnten sich ganz auf die Abwicklung des Parksuchverkehrs konzentrieren. Trotz der Befürchtung, der Parkraum könnte für die vielen Reisebusse nicht ausreichen, gab es zunächst nur wenige Verkehrsverdichtungen.

Die Veranstaltung begann um 12:00 Uhr und es waren noch sehr viele Teilnehmer auf der Anfahrt. Um 12:12 Uhr meldete die Verkehrsaufklärung, dass Busse, die auf der BAB 656 im Stau stehen, die Veranstaltungsteilnehmer einfach aussteigen ließen und diese über die Autobahn Richtung Veranstaltungsgelände laufen würden.

Die Verkehrskräfte berichteten später, dass sie noch bei keiner Großveranstaltung solch uneinsichtige und auch sogleich aggressive Verkehrsteilnehmer erlebt hätten, wie bei diesem Kulturfestival. Weder die elektronischen Hinweistafeln, noch errichtete Absperrungen wurden befolgt. Letztere wurden einfach umfahren – viele der mit PKW anreisenden Kurden vertrauten offensichtlich nur ihrem Navigationsgerät.

Bis 14:22 Uhr fanden allein auf dem Großparkplatz des Veranstaltungsraumes 221 Busse und 2000 PKW Platz. Der zur Verfügung gestellte Parkraum rund um das Maimarktgelände reichte aus. Die Besucherzahl schwoll auf rund 40.000 Besucher an.

Es war geschafft.

Großparkplatz P 20 um die Mittagszeit

Ende Einsatzphase I

Das beabsichtigte Überlappungsfenster zwischen 14.00 Uhr und 16.00 Uhr war erreicht. Alles war friedlich und ich entließ u.a. die Intervention und die SOD-Kräfte der Phase I.

Ich ersetzte diese durch die Einsatzhundertschaft Karlsruhe und eine Beweissicherungs- und Festnahmeeinheit in Zugstärke. Ich behielt allerdings die eigens für die Überlappungsphase zeitlich später aufgerufene Reserve-Hundertschaft im Einsatz, sodass sich die Reduzierung zunächst moderat von rund 300 auf 240 Einsatzkräfte auswirkte.

Da ich auch für die Einsatzphase II von einem ruhigen Einsatzverlauf ausgehen konnte, entließ ich einen meiner beiden Führungsassistenten.

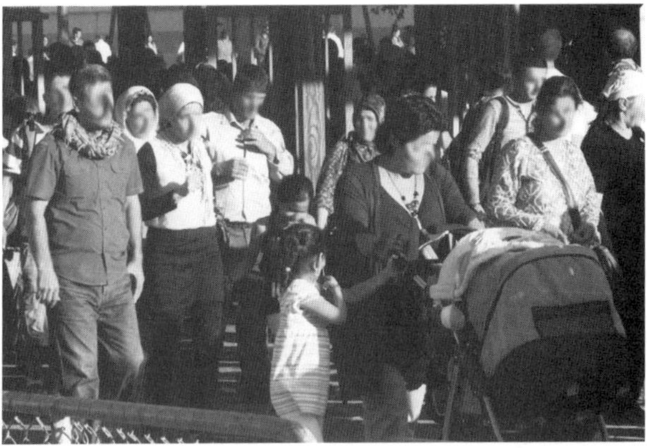

Haupteingang Maimarkt:
Noch glich alles einem Familienfest

Ich wollte die ruhige Phase nutzen und begab mich auf dem Weg von der Befehlsstelle zum Veranstaltungsgelände, wo ich zu einem O-Ton mit dem BeDo-Trupp verabredet war, zu meiner Dienststelle.

Trotz der guten Einsatzverpflegung wollte ich zwischendurch kurz einen Kaffee Crema genießen.

Kapitel 5

Einsatzphase II - Die 3 Gewaltwellen

Erste Gewaltwelle

Bei Ausbruch der Ersten Gewaltwelle waren die Beamten des Beweissicherungstrupps eher zufällig am Haupteingang, weil sie dort später mit mir als Polizeiführer zur Aufnahme eines Originaltons verabredet waren.
Um 15.22 Uhr meldete der Streifenführer einer Doppelstreife der SOD-Kräfte über Funk:

> *„Ausschreitungen im Bereich des Haupteinganges. Vor dem Haupteingang befinden sich 100 - 200 Kurden, die Gegenstände auf die Einsatzkräfte geworfen und dabei Parolen skandiert haben.“*

Wir fuhren mit Sondersignal an und trafen unmittelbar nach der ersten Gewaltwelle ein.

Ein eigentlich nichtiger Anlass hatte die Gewalttätigkeiten ausgelöst.
Ein Ordner wollte einem 14jährigen eine verbotene Fahne abnehmen. Als sich dieser weigerte, rief der Ordner die beiden Beamten, die vom EA SOD dort zur Unterstützung abgestellt waren, herbei.

Selbst Absperrgitter wurden zu Wurfgeschossen

Der handelnde Polizeiobermeister berichtete später, dass er den Jugendlichen bat, mit zur unmittelbar daneben im Eingangsgebäude befindlichen Polizeiwache zu kommen. Dabei hielt er die Fahne am einen Ende und der Jugendliche am anderen. Es fand kein Gezerre statt und die Unterhaltung war nicht aufgeheizt. Dann begann die daneben stehende, angebliche Schwester des Jugendlichen hysterisch etwas in Kurdisch oder Türkisch zu schreien. Der handelnde POM wurde sofort aus der umstehenden Menge heraus durch einen gezielten Kick-Box-Tritt gegen die Hüfte nach hinten katapultiert, fiel aber nicht, da er gegen hinter ihm stehende Kurden prallte. Er rief sofort nach Verstärkung. Was dann geschah, schildert ein beteiligter Zugführer:

> *„Zusammen mit Kräften unserer Hundertschaft eilten wir den um Unterstützung rufenden Kollegen im Innenraum des Maimarktgeländes zu Hilfe. Im Pulk von ca. 30-40 Beamten, umringt von Ordnern bewegten wir uns im Steinhagel in Richtung Ausgangstore. Der schreiende und tobende kurdische Mob drängte uns hinterher und warf alles auf uns, was ihnen in die Hände fiel. Viele unserer Kollegen waren hierbei noch ohne Schutzausstattung, die Zugführer der 3 Einsatzzüge sogar noch ohne Helm, da sie sich gerade in einer Besprechung in der Nähe des Haupteingangs befanden, als der Hilferuf der Kollegen kam. Ich war heilfroh, als wir es irgendwie (unter massivem Schlagstock- und Pfeffersprayeinsatz) geschafft haben aus dem Maimarktgelände herauszukommen. Draußen konnten wir dann durch Errichtung einer Polizeikette mit Hilfe weiterer Kräfte und Schließung der Eingangstore ein Vordringen der Kurden verhindern. Ich habe bei mei-*

nen bisherigen Einsätzen noch nie so eine gegen uns aufgebrachte, zu allem entschlossenen, hasserfüllte, brutale Menschenmenge erlebt."

Erst in den Tagen danach, während der Aufbereitung der Geschehnisse, wurde mir bewusst, welchen schwerwiegenden Gefahren die Beamten ausgesetzt waren.

Um zu verhindern, dass die aufgebrachte Menge nach draußen dringt, hatten die Ordner die Tore für den Einlass geschlossen. So waren nur noch die Drehkreuze als Auslass benutzbar. Die Einsatzkräfte waren minutenlang zwischen dem Eisengitter und den vordrängenden Gewalttätern eingeschlossen. Ein Beamter wurde von einem Wurfgeschoss im Brustbereich getroffen. Ihm blieb die Luft weg und er sackte zusammen. Zwei Kollegen packten ihn und schleiften ihn zum Ausgangsbereich. Gleiches widerfuhr einem Beamten, der, von einem Stein am Knie getroffen, auf den Boden fiel. Dass er von Kollegen heraus geschleppt wurde, realisierte er erst, als er später davon berichtet bekam.

EHu-Kräfte und Hundeführer
drängen die Gewalttäter zurück

Aus den Filmaufnahmen des BeDo-Trupps kann man in der Situation des Entkommens der Beamten auf den Vorplatz erahnen, in welch bedrohlicher Lage sich die Kollegen befanden.

Dennoch formierten sie sich wieder auf der Xaver-Fuhr-Straße und bildeten eine Polizeikette, um das weitere Vordringen der Störer zu unterbinden.

Alarmiert durch die Lagemeldungen eilten drei Diensthundeführer des Regeldienstes mit ihren Diensthunden herbei und unterstützten die Polizeikette beim Zurückdrängen der angreifenden Gewalttäter.

Dabei nahm ein Kurde mittleren Alters eine Eisenstange auf und schlug damit einem der Diensthundeführer in die Leistengegend. Der Diensthund schnappte sofort zu und biss den Angreifer ins Bein. Er konnte zunächst überwältigt werden.

Allerdings warfen Gewalttäter aus der Menge ein schweres Absperrgitter auf die Beamten und der Täter konnte in den Schutz des Maimarktgeländes entkommen. Die gewalttätige Menge zog sich Steine werfend zurück. Zwischenzeitlich kletterten drei Gewalttäter am Hintereingang der Maimarktwache an der Stange der Luftbild-Übertragungsantenne auf das Dach. Von dort warfen sie mit Steinen. Mindestens ein Täter riss schließlich Dachpfannen aus der Abdeckung und schleuderte diese auf den Vorplatz.

Neben dem Eingang zur Wache durchschlug einer der kiloschweren Ziegel die Heckscheibe eines geparkten Streifenwagens.

Einer der Dachziegel durchschlug
die Heckscheibe des Dienst-Kfz

Zwischenzeitlich erreichte der EA-Leiter Aufklärung um 15.30 Uhr Frau Gökay A. vom Veranstalter YEK-KOM
Sie teilte mit: *„Das Ganze eskaliert"*.

Ein beruhigendes Einwirken auf die Menge wäre ebenfalls nicht möglich.
Sie gab zu: *„Wir haben das nicht mehr im Griff!"*

Rückruf der entlassenen Kräfte

Ich veranlasste den sofortigen Rückmarsch der entlassenen Kräfte der Einsatzphase I und verschaffte mir einen Lageüberblick.
Die BFE-Hundertschaft war bereits kurz vor Bruchsal. Deren Eintreffen konnte bis zu 45 Minuten dauern.
Die kurdischen Ordner auf dem Vorplatz versuchten lautstark, mit Stöcken schlagend, die aufgebrachte Menge zur Rückkehr auf das Vereinsgelände zu bewegen.

Kurdische Ordner (Bildmitte) im Einsatz

Ein YEK-KOM Funktionär flehte mich förmlich an, die Polizeikräfte zurückzuziehen, da diese provozieren würden und noch Schlimmeres passieren könnte.

Auch der Vorsitzende der YEK-KOM war mit weiteren Vereinsfunktionären auf dem Vorplatz und mühte sich nach Kräften. Er bat ebenfalls, die Polizeikräfte zurückzuziehen, damit nicht noch mehr passiert. Immer wieder hielten sie mir entgegen, die Polizeikräfte würden durch ihr Aussehen provozieren.
Hinter dem Haupttor drängte sich eine aufgebrachte, fanatische Menschenmenge.
Bereits im Vorjahr hatte ich als Polizeiführer beim Bon Jovi Open Air Konzert auf dem Maimarktgelände die Beobachtung gemacht, dass es beim Abströmen der Menschenmassen genau in diesem Bereich zu gefährlichen Aufstauungen kam, die an die Bilder von Duisburg, bei der Love Parade erinnerten – wohl bemerkt, bei diszipliniertem Verhalten!

Die aufgeheizte Menge hinter dem Haupteingang

Nach all meinen Erfahrungen kam ich zu dem Schluss: Würde in der jetzigen Situation zusätzliche Aktion durch offensiv vorrückende Polizeikräfte hinzutreten, wären alle Voraussetzungen für eine Massenpanik gegeben.

Auf dem Gelände befanden sich bis zu 40.000 Besucher des Kulturfestivals. Die Zusammensetzung war bunt und bildete Familien und Einzelpersonen in drei Generationen ab. Die Polizeikräfte waren von wenigen Hundert Gewalttätern angegriffen worden. Wir mussten von mehreren Hundert Gewaltgeneigten ausgehen. Im Rückraum scharten sich bis zu zweitausend Unterstützer oder einfach nur Schaulustige. Es gab eine eindeutige Vermischung der Gruppen. Für ein polizeiliches Vorgehen zeigten sich keine scharfen Trennlinien.

Bei der Sichtung der Filmaufnahmen und der Berichterstattung im Internet fiel mir ein etwa 10jähriger Junge auf, der sich ein sogenanntes Arafat-Tuch um die Schulter geschlungen hatte. Er hielt sich lachend mitten im größten

Gedränge auf und hatte offensichtlich Spaß am Geschehen. Online fand ich im RHEINNECKARBLOG unter der Teilüberschrift „Wer ist verantwortlich?, just für den Zeitpunkt der Entscheidung ein Bild[18], auf dem der Junge in der Menge unmittelbar hinter dem Haupttor abgebildet ist. Ich möchte nicht zu Ende denken, wenn dieser Junge durch ein offensives Vorgehen der Polizei bei einer Panik zu Schaden gekommen wäre. Wir alle kennen von der Berichterstattung aus dem Nahen Osten und der arabischen Welt Bilder von wehklagenden Müttern oder Vätern, die ihr verletztes Kind in die laufenden Filmkameras halten.

Darüber hinaus bestand die Gefahr, dass der Gewaltfunke durch übermittelte Informationen vom Veranstaltungsgelände auf jene kurdischen Jugendlichen übersprang, die sich zu diesem Zeitpunkt in Kleingruppen in der Mannheimer Innenstadt aufhielten und dort die Kräfte des Einsatzabschnittes Raumschutz beschäftigten.

Der Rückzugsbefehl

18 http://www.rheinneckarblog.de/09/kurdenfestival-dieses-aggressionspotenzial-hat-uns-kalt-erwischt/15826.html

Vorläufiger Rückzug aller Polizeikräfte

Die Lage war in diesem Augenblick nicht mehr beherrschbar. Die aufgebrachten, zu einem Mob zusammengerotteten kurdischen Gewalttäter schrien und skandierten bedrohlich. Auf Polizeiseite waren der ersten Gewaltwelle lediglich eine Einsatzhundertschaft SOD, eine BFE und die nachrückende Reserve entgegenzusetzen. Bildhaft gesprochen drohte die Gewaltwelle die schwachen Polizeikräfte vor Ort zu überrollen wie ein Tsunami.

Ich befahl deshalb den Rückzug über Megaphon und entschloss mich, die Gewaltwelle auslaufen zu lassen. Ich musste den Zeitraum bis zur Rückkehr der zuvor entlassenen Kräfte überbrücken.

Um 15.57 Uhr rief Frau Gökay A., Veranstaltungsverantwortliche der YEK-KOM zurück und beschwichtigte:

„Wir haben jetzt wieder alles im Griff."

Die gewalttätige Menge beruhigte sich zunächst und es trat eine trügerische Ruhe ein.

Die unmittelbar der ersten Gewaltwelle ausgesetzte Einsatzhundertschaft Karlsruhe verzeichnete 30 verletzte Beamte.

Die zweite Gewaltwelle:
Steinwerfer vom Gleisbett der Straßenbahn

Zweite Gewaltwelle

Entlang des Bahnsteiges der Straßenbahnhaltestelle, gegenüber dem Haupteingang, hatten sich hunderte, meist junge, schaulustige Kurden angesammelt. Plötzlich gab es in Richtung Rettungsnotweg an der Nordseite des Veranstaltungsgeländes eine unerklärliche Rennerei.

Später stellte sich heraus, dass Kräfte des EA Autobahn auf gesondertem Funkkanal um 16.23 Uhr mitteilten:

> *„30-40 Personen verfolgen einen Türken in der Rettungsgasse Richtung Xaver-Fuhr-Straße“.*

Einsatzkräfte, die auf der Xaver-Fuhr-Straße Stellung bezogen hatten, rannten hinterher.

Etwa um 16.30 Uhr brach, in Folge dieser Rennerei, die zweite Gewaltwelle los. In der aufgeheizten Situation zündete ein Störer einen Sprengkörper, der sich wie ein Schussknall anhörte. Es fuhr mir durch alle Glieder – ich befürchtete einen Schusswaffengebrauch, der sich jedoch nicht bestätigte.

Nun nahmen die Störer die Polizeikräfte in die Zange. Bisher friedliche Schaulustige beteiligten sich an den Ausschreitungen. Sie bewaffneten sich mit Schottersteinen aus dem Gleisbett der Straßenbahnlinie und bewarfen uns von der Westseite. Die vom Hauptausgang herausquellenden Gewalttäter bewarfen uns vom Vorplatz aus.
Polizeieinsatzkräfte, wie auch anwesende Medienvertreter, kauerten sich zwischen die abgestellten Einsatzfahrzeuge, um dem Steinhagel zu entgehen.

Die kurdischen Ordner und die YEK-KOM-Verantwortlichen gingen dazwischen und versuchten, die Menge zur Rückkehr auf das Festivalgelände zu bewegen.

Der Vorsitzende der YEK-KOM, heiser vom Schreien, bat mich, ihm mein Megaphon zu leihen. Damit verschaffte er sich nach und nach Gehör. Langsam zog sich die Menge ins Maimarktgelände zurück.

Ein Kurdischer Ordner beim Versuch,
auf die gewalttätige Menge einzuwirken

Am 8. Oktober verlautbarte die YEK-KOM hierzu in einer Pressemitteilung wahrheitswidrig:

> *„Die Polizeikräfte vor Ort ließen keine Absicht zur Deeskalation erkennen und verweigerten auch jede Zusammenarbeit mit den Veranstaltern zur Beruhigung der Situation."*

Zwischenzeitlich, unmittelbar nach der zweiten Gewaltwelle, waren alle entlassenen Polizeieinheiten wieder zurückgekehrt.

Die Einsatzkräfte nahmen Polizeiketten vor dem Haupteingang ein. Dann trat wieder relative Ruhe ein.

Dritte Gewaltwelle

Nur kurze Zeit später setzte gegen 16.50 Uhr an der Südwestseite, zwischen der Maimarkthalle und dem Verwaltungsgebäude, unweit dem Zufahrtstor 2 eine dritte Gewaltwelle ein.

Vom Polizeihubschrauber beobachtet und live ins Lagezentrum übertragen, wurden dort abgestellte BFE-Fahrzeuge vom Veranstaltungsgelände aus angegriffen. Die Fahrer fuhren die Fahrzeuge sofort vom Gelände. Eine BFE-Gruppe verlegte umgehend vom Außenbereich in den Innenraum, um den Abzug zu sichern. Dabei gelang es einem BFE-Beamten einen Gewalttäter zu ergreifen und am Boden zu fixieren. In diesem Augenblick ergriff ein Störer einen sechs Kilogramm schweren Zementbrocken von einem zuvor zerschlagenen Gitterstandfuß, warf diesen dem am Boden knienden Beamten von oben auf den behelmten Kopf und flüchtete sofort in die Menge. Der Helm wurde beschädigt, der Beamte blieb aber unverletzt.
Die BFE-Gruppe musste sich zurückziehen. Die gewaltbereiten Kurden flüchteten allerdings ihrerseits, als sich die Beamten der BFE-Gruppe wieder formierten und in Polizeikette auf sie zu rannten.

Auch Autonome hatten sich
unter die Gewalttäter gemischt

Noch während der hoch riskanten Phase der Konfrontation und einem Hin- und Herwiegen zwischen den schwachen Polizeikräften und den zahlenmäßig weit überlegenen Gewalttätern verlegten zwei zurückgekehrte BFE´en im Laufschritt nach dort. Nach kurzer Lagebeurteilung veranlasste einer der Einheitsführer die Kräfte zum Rückzug vom Gelände.

Aus der Luftbildübertragung war noch zu sehen, wie einige aufgebrachte Störer auf einen eigenen kurdischen Ordner einschlugen, aber nachdem die Polizeikräfte das Gelände verlassen hatten beruhigte sich die Lage dann endgültig.

Um 16.52 Uhr erreichte mich der erbetene Rückruf des Inspekteurs der Polizei BW Gerhard Klotter. Wir berieten die Lage und legten das weitere Vorgehen fest.

BFE-Kräfte drängen die Angreifer zurück

Ich beabsichtigte, nach Zuführung alarmierter Unterstützungskräfte, sofern die Aufklärung es ermöglichte, einen Kessel durchzuführen und erkannte Straftäter festzunehmen.

Trotz eines später festgelegten Veranstaltungsendes setzte bereits ab 17.00 Uhr verhaltener, wenig später reger Abstrom der kurdischen Festivalbesucher ein. Offensichtlich waren die friedlichen Besucher froh, den Ort der Tumulte endlich verlassen zu können.
Gegen 19.00 Uhr, noch während der Option einer Zugriffsmaßnahme, kamen Innenminister Reinhold Gall, Mannheims OB Dr. Peter Kurz und Inspekteur der Polizei Gerhard Klotter vor Ort in die Risikozone. Der BeDo-Trupp war mit seinem Fahrzeug bereits anwesend und sie konnten sich, geschützt im Fahrzeug, die Aufnahmen der Ereignisse anschauen und einen sofortigen, intensiven Eindruck der Geschehnisse erhalten.

Sorgenvolle Minen: IM Reinhold Gall,
IdP Gerhard Klotter und PF Dieter Schäfer

IM, OB und IdP sehen sich die Gewaltszenen an

Aufklärungsergebnisse hinsichtlich des Rückzugraumes und der Hinwendungsorte der Gewalttäter gab es nicht. Während der aufgeheizten Lage war es nicht zu verantworten, Aufklärungstrupps auf das Gelände zu schicken. So konnten einige auffällig gekleidete Gewalttäter unbemerkt auf dem Gelände ihre Oberbekleidung wechseln. Sie strömten in der Masse unerkannt ab.

Zu den beabsichtigten Festnahmen kam es nicht mehr.
Die YEK-KOM gab später die Zahl der kurdischen Verletzten mit mehr als 100 an.

Der beauftragte private Rettungsdienst, die MIGA-Rettungsschule in 59227 Ahlen, berichtet über die Anzahl der Verletzten und die Verletzungsmuster:

> *Es wurden 411 Versorgungen gezählt. ...*
> *...ca. 25 Prozent der Behandlungen waren Kontaktreaktionen nach dem Pfefferspray- bzw. Reizgaseinsatz*[19].

Schwerere Verletzungen wurden in deren Einsatztagebuch nicht dokumentiert.

Auf den Beweisvideos ist auch nur vereinzelter Einsatz der Hiebwaffe gegen einzelne Gewalttäter in der ersten Gewaltwelle dokumentiert.

Auch bei den Nachermittlungen wurde kein Fall von schwereren Verletzungen auf Störerseite bekannt.

---

19 M. Koyro, in „Notfallpraxis – Der Sanitätsdienst anderer Art“ in Fachzeitschrift Rettungsdienst, 12/2012, S. 71

Einige der Gewalttäter trugen schwarze, gleichartige T-Shirts

Die in einigen Presseberichten dargestellten Übergriffe auf Sanitätskräfte der MIGA hat es nicht gegeben.

Der überwiegende Teil der Besucher war freundlich und dankbar für die Hilfe der Einsatzkräfte[20].

20 M. Koyro a.a.O.

Kapitel 6

Wesentliche Erkenntnisse

Einsatzführung / Kräftelage

Taktische Grundlinie

Durch sechs Kräfte bindende Parallelveranstaltungen im Zuständigkeitsbereich konnte das PP Mannheim neben den Service-Einsatzabschnitten, wie Gefangenensammelstelle und Gefangenen-Transport-Kommando und den notwendigen Verbindungsbeamten zu den Fremd-kräften noch gerade je einen Alarmzug für die beiden Einsatzphasen für Raumschutzmaßnahmen im Stadtgebiet rekrutieren. Was dann noch landesweit verfügbar war, wurde dem PP Mannheim für die beiden Zeitphasen unterstellt. Hier war wenig Spielraum für eine starke Reserve.

In Lagen mit Massenaufkommen von Teilnehmern, bei denen politische, religiöse oder gar militärische Spannungen mitschwingen, muss die Einsatz führende Dienststelle die Tragweite der Spannungen in eine tragfähige Risikoeinstufung einfließen lassen. Hierzu ist sie auf notwendige Informationen anderer Stelle angewiesen. Deuten diese, wie im vorliegenden Fall, nicht auf ein erhöhtes Gefährdungspotenzial hin, wird in der Regel auch die lokale Einschätzung ohne weitere kritische Informationen die bestehende abstrakte Gefahreneinschätzung nicht verändern.

Bei so dünner Informationslage ist, wenn überhaupt, nur bei einer hohen Risikobewertung eine entsprechend starke Reserve, gegebenenfalls durch Unterstützung aus anderen Bundesländern, zu rechtfertigen.

Dies entspricht auch dem Gefahrengrundsatz der Polizeigesetze der Länder, welcher besagt, dass je höherwertig

das bedrohte Rechtsgut ist, umso geringer dürfen die Anforderungen an den tatsächlichen Schadenseintritt sein.
In solchen, eher seltenen Lagen ist es dann auch möglich, im Falle eines Störungseintrittes, fürsorglich erschöpfte Einheiten durch frische Kräfte zu ersetzen.

Mein Fazit ist, dass die hergebrachten Lagebeurteilungsinstrumente und /-wege hier nicht ausreichend waren, eine zielführenden Gefahrenprognose zu erstellen und den Störungseintritt zu verhindern.
Doch selbst bei Vorhalt einer starken Reserve: Massenveranstaltungen dieser Dimension, mit diesem Gewaltpotenzial sind aus meiner Erfahrung nur defensiv und nur mit sehr starken Kräften beherrschbar.
Offensive Maßnahmen hätten nach dem erlebten Gewaltausbruch am Maimarktgelände, nach Überzeugung aller Augenzeugen, unweigerlich in eine Katastrophe geführt.

Führungsassistenzen

Während des längeren Telefonats mit IdP Klotter musste mein Führungsassistent die Kommunikation mit der Befehlsstelle und den Abschnittsführern aufrecht halten.
Eine wesentliche Erkenntnis der Nachbereitung ist, dass Führungsassistenten in solchen Lagen die notwendige Einsatzerfahrung und Ortskunde aufweisen müssen.
Unter Aspekten des Wissens- und Erfahrungstransfers ist es nicht nur erforderlich, sich örtlich einen Pool solcher Führungsassistenten heranzubilden. Es ist insbesondere empfehlenswert, bei Großeinsätzen immer auch einen jungen Beamten des höheren Dienstes als Co-Polizeiführer in die Planung und Durchführung des Einsatzes mit einzubinden.

Information / Kommunikation

Lagen mit unvorhersehbaren, plötzlichen, schwerwiegenden negativen Entwicklungen beginnen immer mit einer Chaos-Phase.
Es dauert einige Zeit, bis im Lagezentrum alle Informationen und Lagemeldungen zusammengeführt sind und daraus Entschlüsse gefasst und Entscheidungen getroffen werden können. In dieser Zeitphase haben die einzelnen Einsatzabschnitte sehr unterschiedliche Lageerkenntnisse. Fehlende bzw. unvollständige Informationen mindern die Handlungssicherheit und den Einsatzwert der Einsatzkräfte.
1996 und 1998 war ich Polizeiführer bei den Fußballbegegnungen zwischen dem SV Waldhof Mannheim und dem 1. FC Kaiserslautern. Die Problemfans beider Vereine sind verfeindet. Der Hooliganismus in Deutschland erlebte damals eine Hochphase. Zur Bewältigung dieser kritischen Einsätze kam es mir darauf an, dass jede eingesetzte Einsatzkraft zu jeder Zeit über die aktuelle Lageentwicklung informiert ist. Ich beauftragte deshalb einen der erfahrensten Funksprecher des PP Mannheim damit, regelmäßige Lagemeldungen auf allen Einsatzkanälen durchzugeben. Ich nannte diese Maßnahme „Beamtenradio" und jeder Einsatzsachbearbeiter wusste damals etwas damit anzufangen.

Die Erfahrungen vom Kurdenfestival 2012 legen nahe, dass es bei jeder Großveranstaltung und nicht nur bei solchen mit vorher bekanntem Tumultpotenzial empfehlenswert ist, ein solches taktisches „Beamtenradio" für Informationen nach Innen vorzusehen.
Insbesondere die nach und nach eintreffenden Verstär-

kungseinheiten an der Kräftesammelstelle an der SAP Arena hatten zu wenig Information und waren hinsichtlich der weiteren Einsatzplanungen verunsichert.

Beweissicherung und Dokumentation

Der 3köpfige BeDo-Trupp wurde vom Leiter der Verkehrsüberwachung des PP Mannheim geführt, der schon 1994 beim Solidaritätsmarsch Kurdischer Frauen von Mannheim (geplant nach Straßburg) das stabsseitig vorbereitete BeSi -Konzept mit 5 BeSi-Trupps und 5 Kamerapositionen im Nachgang zu einem Aufarbeitungskonzept entwickelte, das es damals ermöglichte, bei 396 Festnahmen (übrigens auch bei einem Kräfte / Störer Verhältnis von 1:1) schlussendlich 394 rechtskräftige Sanktionen von der Qualität einer bedeutenden Ordnungswidrigkeit bis hin zum versuchten Totschlag herbeizuführen.
Seither engagiert er sich für eine Vereinheitlichung der BeSi-Konzepte und eine Standardisierung der Technik. Rückblickend wurde dieser taktische Aspekt in den vergangenen Jahren fahrlässig vernachlässigt und unter dem ständigen Diktat von Einsparverpflichtungen, eigentlich landesweit gebotene Beschaffungen in der Videotechnik unterlassen.
Zuletzt war er Mitglied einer vom Landespolizeipräsidium eingesetzten Arbeitsgruppe unter Federführung der Landespolizeidirektion Karlsruhe. Der Ergebnisbericht dient nun der konstruktiven Umsetzung.
Dank seiner Hartnäckigkeit kann er den Polizeiführern in Mannheim schon heute sein über die Jahre offensiv eingefordertes Equipment taktisch so einsetzen, dass darauf aufbauend eine Ermittlungsgruppe erfolgversprechend arbeiten kann.

Als Nachteil für die Nachermittlungen stellte sich allerdings heraus, dass auch Videos in HD-Qualität nur ein Fünftel der Auflösung haben, wie digitale Fotografien mit mittlerweile 10 Megapixeln. Letztere sind besser geeignet, Personen für Fahndungszwecke herauszufiltern. So muss neben einer guten Filmqualität in Tumultlagen immer auch eine fotografische Beweissicherung durchgeführt werden.

Bewertung der Ursachen für den Gewaltausbruch:

Beim Jugendmarsch nahmen erkannte PKK-nahe Kaderleute teil. Die Erfahrungen, wie die Teilnehmer „ihre Rechte“ ausreizten und wie sie die eingesetzten Polizeibeamten immer wieder provozierten, zeigten, dass bis auf den Anmelder, der nur Strohmann war, alle kurdischen Teilnehmer der 100 am Freitag ausgesucht waren. Als Unterstützer liefen einige Autonome mit.
Die Marschierer wurden von eigenen Berichterstattern begleitet, die wesentliche Ereignisse sofort im Internet verbreiteten.

Apoistische kurdische Jugend

Die Durchsetzung deutschen Rechts empfanden die Teilnehmer als drangsalieren und provozieren.
Die offensive Berichterstattung und der Solidaritätsaufruf an die Kurdische Jugend Europas im Internet, gepaart mit den Propagandameldungen, dass zwei Marschteilnehmer im Polizeigewahrsam misshandelt wurden, sorgte für eine latent explosive Grundstimmung bei den PKK-Anhängern.
Selbst bei eingehender Aufklärung aller zugänglichen Quellen und gewissenhafter Einschätzung der Propaganda wäre ein Gewaltausbruch in der Dimension vom Folgetag nach allen bisherigen Erfahrungen nicht zu erwarten gewesen.
Während des Festivals fand offenbar Gegenaufklärung statt. Um 15.00 Uhr erfolgte der geplante Austausch starker Kräfte der Phase I durch schwächere Kräfte der Phase II. Nach Abwarten des Abmarsches der Polizeieinheiten spielte sich die – wenn nicht inszenierte, so doch bewusst ausgenutzte - Situation mit dem 14jährigen am Haupteingang ab. Denn unmittelbar darauf brach der Gewaltsturm los. Im Rückraum befanden sich fast ausschließlich gewaltbereite, überwiegend junge Kurden, die sich nach Auskunft des Ordnerdienstes dort schon den ganzen Nachmittag aufgehalten hatten.
Durch das Gebrüll der aufgebrachten Menge wurden die älteren, männlichen PKK-Sympathisanten alarmiert, die den Gewalttätern den Schutz des Rückzugsraumes gewährten.
Bei der zweiten und dritten Gewaltwelle beteiligten sich dann bisher nur zuschauende junge kurdische Männer an den Ausschreitungen - ein Überspringen des Funkens, wie es von den Unruhen in Paris oder London in den Jahren 2011 / 2012 bekannt ist.

„Es ist auffällig, dass alltägliche Gewalt, mit der Polizeibeamte konfrontiert sind, häufig mit einer Verweigerung des persönlichen Respekts, einer Verletzung der Ehre oder der Beschädigung der Reputation steht. Gesellschaften geraten immer dann in Gefahr, wenn die Ausgrenzungen nicht mehr ertragbar sind und zu mehr und mehr Aggression und Gewalt führen[21]."

Ursächlich für den Gewaltausbruch muss sowohl die zwangsweise polizeiliche Auflösung des Marsches in Mannheim als auch die konsequente Umsetzung des Rechts gewesen sein, die die kurdischen Marschierer so nicht erwartet hatten und die ihren Hass schürten.
Nur so ist zu erklären, dass die Einsatzkräfte am nächsten Tag unvorbereitet in die Gewaltfalle getappt sind, die von der Gegenseite womöglich erst kurzfristig geplant wurde. Auch wenn die Situation möglicherweise nicht inszeniert war, so nutzten die Gewaltbereiten, die sich schon einige Zeit lang am Haupttor gesammelt hatten, doch die situative Gelegenheit bei der Polizeiaktion im Zusammenhang mit der Wegnahme der Fahne am Haupteingang.
Als Ergebnis muss künftig der Einsatzabschnitt Aufklärung bereits im Vorfeld um einen Part Internetaufklärung und /-bewertung erweitert oder von zentraler Stelle ständig betrieben und vor risikobehafteten Veranstaltungen intensiviert werden.
Zumindest ein aktives Gegensteuern gegen die Propaganda der Störer im Internet sollte angedacht werden.
Hierfür müssen speziell geschulte Beamte vorgehalten werden.

21 (Dr. Joachim Kepplinger, Gewalt und Aggression – Ursprung und Folgen, in DPZ Baden Württemberg, 4/2012)

Die Rolle der YEK-KOM-Funktionäre

Nach der Zielankunft des „Langen Marsches“ und den erneuten Beleidigungen und Angriffen gegen die Polizeikräfte am Freitagabend gaben sich die YEK-KOM Vertreter sichtlich betroffen. Sie entschuldigten sich und bekannten, dass sie ihre Jugend nicht im Griff hätten.

Sie sicherten mir sowohl am Abend, als auch am nächsten Morgen, bei einem Kooperationsgespräch, absolute Friedlichkeit bei ihrem „Familienfest“ zu.
In ihren Verlautbarungen der nächsten Tage las sich ihre Darstellung der Ereignisse dann doch etwas anders.

> *„Am Freitag löste die Polizei in Mannheim den Marsch von ca. 100 kurdischen Jugendlichen auf, der in Straßburg gestartet war und wiederholt Angriffsziel türkischer Faschisten wurde. Mindestens zwei kurdische Jugendliche wurden nach bisherigen Erkenntnissen im Polizeigewahrsam Opfer von brutalen Misshandlungen.*
> *In einem Fall prügelten die Polizisten den Festgenommen mit Schlagstöcken auf Kopf und Rücken sowie durch Faustschläge ins Gesicht. Nach der Entlassung musste dieser Jugendliche bis Samstagmittag stationär im Krankenhaus behandelt werden. Der zweite verhaftete Jugendliche erlitt neben Prellungen eine Quetschung der Fußknöchel.*
> *Die Beamten entließen den verletzten Jugendlichen aus Frankreich trotz der Aufforderung einen Krankenwagen zu rufen.“*

> *„Der Einsatz von Schlagstöcken, Pfefferspray, bissigen*

Hunden, rassistisch schimpfenden Polizistinnen und einem rassistischen Einsatzleiter führten, im Zusammenhang mit den vorher geschilderten Grundbedingungen, letztendlich zu den Ausschreitungen mit mehr als 100 verletzten BesucherInnen der Veranstaltung.“

„Für die kurdischen Organisationen stellt sich die Frage: wird Demokratie in Deutschland mit Reizgas und Hunden durchgesetzt oder ist ein Weg des Dialogs gewollt und möglich?[22]“

Die in Kooperationsgesprächen vermittelte Rechtstreue lässt in Anbetracht der gegenteiligen öffentlichen Darstellung der YEK KOM nach den Tumulten erkennen, dass diese offensichtlich nur solange beachtet wird, wie sie der eigenen Sache dienlich ist.

Nach Abebben der Gewalt trat Stille und Entsetzen ein.

22 Auszug aus der Pressemitteilung der YEK-KOM vom 10. September 2012

Kapitel 7

Ermittlungsgruppe Kurdenfestival

Unter Leitung des EA-Leiters Aufklärung, im Hauptamt Dezernatsleiter Staatsschutz des PP Mannheim, ermittelten ab dem 13.09.2012 ausgesuchte Kriminalbeamte unter Zuarbeit von fachlich versierten BeSi –Beamten.

Alle Filmsequenzen beider Tage wurden wochenlang gesichtet und an semiprofessionellen Filmschnittplätzen auf Tatbeiträge und Identifizierungsmöglichkeiten abgeglichen.

Verwertbare Standbilder gingen in die Fahndung.

Für die individuellen Ermittlungsverfahren wurden jeweils filmische Beweissequenzen erstellt.

Die Erhebungen zur Schadensbilanz ergaben folgendes Ergebnis:

- 73 Verletzte Beamte, davon 2 schwer;
  6 Beamte waren dienstunfähig

- 15 beschädigte Dienst-Kfz;
  Schaden: 31.126 Euro

- Sonstige Schäden
  an Ausrüstungsgegenständen: 5.400 Euro

- Schäden
  am Veranstaltungsgelände: 30.000 bis 40.000 Euro

Ermittlungsergebnisse

Ermittlungsverfahren beim Langen Marsch[23]

Tattag	Delikt	Anzahl
01.09.2012	Verstoß gg. VersG	1
01.09.2012	Verstoß gg. VereinsG	4
02.09.2012	Landfriedensbruch/schw.	22
02.09.2012	Beleidigungen z.N. Polizeibea.	4
02.09.2012	Sachbeschädigung	4
03.09.2012	Sachbeschädigung	1
04.09.2012	Körperverletzung/ Versuch	1
04.09.2012	Beleidigung	1
04.09.2012	Widerstand gg. Vollstreckungsbeamte	2
04.09.2012	Schwerer Landfriedensbruch	1
05.09.2012	Sachbeschädigung	1
05.09.2012	Verstoß gg. VereinsG	1
05.09.2012	Schwerer Landfriedensbruch	1
07.09.2012	Verstoß gg. VersG	1
07.09.2012	Bedrohung	1
07.09.2012	Beleidigung	4
07.09.2012	Gefährl. Körperverletzung	1
07.09.2012	Widerstand gg. Vollstrckungsb.	2
07.09.2012	Sachbeschädigung	2
07.09.2012	Landfriedensbuch / schw.-	114
07.09.2012	Gefangenenbefreiung/ Versuch	2
07.09.2012	Verstoß gg. VersG / VereinsG	50
07.09.2012	Anzeige wg. KV im Amt	1

23 Drucksache 15/2424, S. 3, Landtag BW

Ermittlungsverfahren beim Kurdischen Kulturfestival

Delikt	**Anzahl**
Versuchtes Tötungsdelikt	1
Gefährliche Körperverletzung	3
Schwerer Landfriedensbruch	66
Herbeiführen einer Sprengstoffexplosion	1
Zerstörung wichtiger Arbeitsmittel	14
Verstoß gg. WaffenG	5
Verstoß gg. VereinsG	30
Beleidigung	1
Verstoß gg. Betäubungsmittelgesetz	1

Innenminister Reinhold Gall berichtete am 13. März 2013 im Innenausschuss:

> *„Derzeit wird gegen 482 Personen weiterhin strafrechtlich ermittelt."*

Konkret seien bislang 91 Beschuldigte identifiziert worden. Gegen sieben Polizeibeamte seien Ermittlungsverfahren wegen des Vorwurfs der Körperverletzung im Amt eingeleitet worden.
Diese seien von der Staatsanwaltschaft jedoch zwischenzeitlich eingestellt worden[24].

---

24 Drucksache 15/3398, S. 37, Landtag BW

Kapitel 8

Dankschreiben des Polizeiführers

Reaktionen auf das Dankschreiben

Noch am Sonntag, dem 9. September 2012 verfasste ich nachfolgendes Dankschreiben an die Einsatzkräfte der beiden Vortage als offenen Brief und ließ diesen per Email an alle Polizeidienststellen im Land sowie an das Bundesministerium des Inneren und die Landesinnenministerien Hessen und Rheinland-Pfalz zur Weiterleitung an die Unterstützungskräfte versenden.

Liebe Kolleginnen und Kollegen,
liebe Mitstreiter der Sondereinsätze vom Wochenende,

noch unmittelbar unter den Eindrücken der Einsatzmaßnahmen vom Freitag anlässlich des Solidaritätsmarsches der Kurdischen Jugend und vom Samstag, anlässlich des Kurdischen Kulturfestivals der YEK-KOM e.V. ist es mir heute am Sonntag ein Herzanliegen, mich bei Ihnen für die zum Teil aufopferungsvolle Unterstützung und herausragende Einsatzbereitschaft zu bedanken.
Ich bin, was man so als „Alten Hasen" im Einsatzgeschehen bezeichnen würde. Meine Feuertaufe in Mannheim war 1994 der Solidaritätsmarsch Kurdischer Frauen. Die Älteren unter Ihnen werden wissen, dass dieser Einsatz in einen einwöchigen Belagerungszustand mit schweren Auseinandersetzungen mündete, aber auch 400 Festnahmen und 396 Verurteilungen zur Folge hatte.
18 Jahre später habe ich ein Déja Vu, was agitatorisch vergiftete, hasserfüllte Aggressionsbereitschaft gegen alles, was nur im entferntesten Schlüsselreize türkischer Symbolik auslösen kann, betrifft. Am Freitag reichte beim „Langen Marsch der APO-Jugend"

die Vorbeifahrt eines 3er BMW mit türkischer Musik bei offener Seitenscheibe aus, um bei den wohl von PKK-Unterstützerseite handverlesenen kurdischen Teilnehmern einen hysterischen Sturm an frei werdenden, unkontrollierbaren Aggressionen zu entfachen. Mehrtägige Provokationen und Auflagenverstöße, gepaart mit wiederkehrenden Gewaltmustern und Anfeindungen gegen die Polizei, das Ausreizen unserer auch für ausländische Mitbürger gewährten Versammlungsfreiheit bis zum Äußersten, das Mitführen und Zuführen von Granitwurfgeschossen mit acht Zentimeter Kantenlänge in Begleit- und Versorgungsfahrzeugen spotten unserer freiheitlichen demokratischen Grundordnung Hohn und Verachtung.

Ich musste neu erfahren, wie die Nutzung von Internet und Facebook durch demagogische Propaganda und aufheizende gezielte Falschmeldungen, gepaart mit dem Aufruf an die Europäische APO-Jugend zur Solidarisierung in Gewaltbereitschaft und Gewaltanwendung münden kann. Ein wegen Widerstands festgenommener 17-jähriger Kurde ließ sich entnervende zwei Stunden von einem kurdischen Dolmetscher jedes einzelne Wort der prozessualen Belehrung erklären und verließ dann am späten Freitagabend aufrechten Ganges das Präsidium, um dann vor der Tür humpelnd in die Arme seiner ihn erwartenden Begleiter zu sinken, die ihn schnellstens ins Klinikum bringen ließen. Folge war, dass eine YEK-KOM Funktionärin eine Beschwerde wegen polizeilicher Misshandlung erstattete und Verbreitung fand, dass der Jugendliche mehrfach mit dem Kopf gegen Glastüren geschlagen wurde und bei den Übergriffen einen Trümmerbruch

im Unterschenkel erlitt und unter Schock intensivmedizinisch behandelt werden müsse. Der Behandelnde Arzt diagnostizierte auf polizeiliche Nachfrage eine Dicke Lippe (als Folge des Widerstands gegen Polizeibeamte) und eine Schwellung am Knöchel.
Dazu verbreitete ROJnews im Internet, dass ich am Freitag mit Übernahme des Einsatzes die Polizeistrategie geändert hätte. Während morgens „hunderte" Beamte zu Fuß begleitete hätten, hätte ich die Beamten dann abgezogen und „hätte die APO-Jugend ohne Schutz der Straße und den Angriffen von Nationaltürken überlassen. (Tatsächlich habe ich in der Mittagshitze aufsitzen lassen und habe die Begleitkräfte mit offenen Fahrzeugtüren am Schluss des Aufzuges nachgeführt.) Außerdem hätte ich die Auflagen erhöht, um die APO-Jugend schneller zu kriminalisieren. (Ich hatte bewusst bei Einsatzübernahme dem Versammlungsleiter und einem informellen Kurdenführer vor laufender Doku-Kamera eröffnet, dass durch die Ereignisse der Vortage jeder Kredit aufgebraucht sei und ich bei jedem Auflagenverstoß konsequent einschreiten werde.) Dann hätte ich ein Auto mit Nationaltürken herbei gewunken und so die Unruhen ausgelöst. Bereits am Freitagabend zogen sich die kurdischen Marschierer sofort nach Ankunft am Maimarkt hinter den Schutz der Eingangsgitter zurück, beschimpften uns als Faschisten und bewarfen uns mit aufgesammelten Kieselsteinen.

Die YEK-KOM Vertreter entschuldigten sich und bekannten, dass sie ihre Jugend nicht im Griff hätten. Sie sicherten mir sowohl am Abend, als auch am nächsten Morgen absolute Friedlichkeit bei ihrem Familienfest

zu. Wir hatten keinerlei Störungserkenntnisse hinsichtlich Gewaltbereitschaft im Vorfeld und bereiteten uns für dieEinsatzphase I auf die Verfolgung von Verstößen gegen die Bestimmungen des Vereinsgesetzes vor, wissend, dass die zuständige StA Karlsruhe Erstverstöße gesetzesgemäß bei geringer Schuld einstellen wird.
Der Verlauf gestaltete sich friedlich und ich entschloss mich, die Kräfte der Phase I zu entlassen und geplant, durch deutlich schwächere Kräfte auszutauschen und den Einsatz ruhig zu Ende zu führen.

Wohl durch Gegenaufklärung war dies die Gelegenheit für die Gewaltbereiten wenige Zeit später loszuschlagen. Ich traf unmittelbar nach der ersten Gewaltwelle am Haupteingang ein. Ich traf einen Mob von rund 2.500 hoch aggressiven, Adrenalin gepeitschten Kurden, umringt von hilflosen und völlig überforderten Ordnern vor, die mich anflehten, die Polizei zurück zu ziehen, weil sie sonst Schlimmeres befürchteten.

Liebe Kolleginnen und Kollegen, bitte glauben Sie mir, dass es mir schwer fiel, den Rückzug zu befehlen. Es war die einzige Möglichkeit, in dieser Situation den sicheren Eintritt schwerer Körperschäden oder Schlimmeres zu verhindern.
In dieser Situation ist nicht der Rechtsstaat gewichen. Wir haben lediglich die zur multikulturellen Gastfreundschaft gereichte Hand, die gebissen wurde, aus Vernunftgründen zurückgezogen. Ich versichere Ihnen, dass ich alle mir zur Verfügung stehenden legitimen Mittel einsetzen werde, um dieses nicht zu tolerierende Mit-Füßen-Treten der Rechtsordnung des Gastlandes durch die Kurden in einen Sieg der demokratischen

Rechtsordnung unseres Landes umzumünzen.
Wir haben bereits am Samstagabend beschlossen, ab Montag eine Ermittlungsgruppe einzurichten, die die vielen Videoaufnahmen beider Tage auswertet und mit bereits feststehenden Identitäten von Teilen der Teilnehmer abgleicht. Darüber hinaus werden wir Europa weit nach den Straftätern fahnden.

Ich habe in meiner Laufbahn als Polizeiführer viele harte Einsätze erlebt.
Ich habe allerdings noch nie in der Hocke neben einem Polizeibus, in einem Steinhagel von allen Seiten, gekauert. Das kannte ich bisher nur aus Einsatzvideos aus Hamburg oder Berlin.
Ich muss zugeben, dass ich in dieser Situation kurzzeitig ratlos war, wie ich diese Veranstaltung ohne Verluste zu Ende bringen sollte.

Ich habe in diesen Tagen die wahre Leistungsfähigkeit unserer Einsatzeinheiten und die Solidarität der Polizei insgesamt erlebt.
Ich habe gestandene Beamten sich vor Erschöpfung ins Maisfeld übergeben sehen.
Ich habe Kolleginnen erlebt, denen Sanitäter nach 14 Einsatzstunden die Stiefel abnehmen mussten, weil sie ihre Beine nicht mehr spürten.
Ich habe Kolleginnen und Kollegen erlebt, denen in voller Einsatzmontur in praller Sonne der Kreislauf versagte.

Ich habe Kollegen erlebt, die unter Pfeffersprayeinwirkung bis zur physischen Erschöpfung Festnahmen durchgesetzt haben. Ich habe Kollegen erlebt, die nach

ambulanter Behandlung im Krankenhaus wieder zurück ins Glied ihrer Einheit getreten sind.
Ich habe Solidarität sowohl der baden-württembergischen als auch der benachbarten Länderpolizeien Rheinland-Pfalz und Hessen und der Bundespolizei erfahren, die im Eilmarsch zur Unterstützung „anflogen".
Ich hatte vor, bei entsprechender Stärke einen Kessel durchzuführen und noch verbliebene Gewalttäter herauszugreifen. Fast erwartungsgemäß wechselten die Täter, die vorher allesamt dunkel oder schwarz gekleidet waren, ihre Oberbekleidung und sickerten in der Masse unerkannt durch unsere Reihen.

Ich finde es einen besonderen Akt der Anteilnahme und Anerkennung, dass unser Innenminister, unser Oberbürgermeister und unser Inspekteur der Polizei den Mut hatten, in der noch geplanten Zugriffsphase in die Risikozone vor Ort zu kommen und den anwesenden Kollegen Rückhalt zu geben.

Ich richte dieses Dankschreiben als offenen Brief in die beteiligten Polizeien, um neben der hohen Anerkennung auch Testat über die Leistungsfähigkeit der Polizei abzulegen, wenn es darauf ankommt.
Ich bedauere jede einzelne, während den Auseinandersetzungen erlittene Verletzung. Allen, insbesondere den schwerer verletzten Beamten wünsche ich eine schnelle Genesung.

Abschließend sage ich einfach DANKE

Ihr Polizeiführer

Der Brief hat in der Polizei eine Woge der Sympathie ausgelöst. Von überall her aus der Polizei bekam ich Anerkennung, Lob und Anteilnahme per Email, Telefon oder in persönlicher Ansprache.
Der Tenor der Emails wiederholt sich. Manche sind umfangreich, andere drücken einfach kurz ihre Hochachtung aus.

Reaktionen auf das Dankschreiben des Polizeiführers

Um ein Resonanzbild zu zeichnen, sind die Texte der Emails anonymisiert angeschlossen.

> *Hallo Herr Schäfer,*
> *wir haben ihr Dankschreiben an die Einsatzkräfte anlässlich der Kurdeneinsätze heute Nacht aufmerksam gelesen und möchten ihnen unsere kollegiale Anerkennung für ihre transparente, nachvollziehbare und verantwortungsvolle Sicht- und Handlungsweise als Polizeiführer zum Ausdruck bringen.*
> *Dienstgruppe "Berta" des FLZ mit PvD*

Herzliche Grüße aus dem FLZ

> *Sehr geehrter Herr Schäfer*
> *Es ist mir ein Bedürfnis Ihnen mitzuteilen, dass ich vor Ihnen den Hut ziehe!*
> *Wirklich Hochachtungsvoll,*

Hallo Dieter,
ich war zwar nur als Rufbereitschaft am Einsatz tangiert, dennoch Respekt zu Deinen Ausführungen.
Wollte ich nur loswerden

Grüße aus der Steubenstraße

Hallo Dieter,
zusammen mit zwei Zügen der Heidelberger Alarmhundertschaft wurden wir nach dem SE in Hoffenheim auch nach Mannheim beordert. Ich denk die meisten von uns sind da mit großem Bauchweh hin gefahren da man ja wusste was in Mannheim passierte. Wir waren dann aber froh, dass sich die Lage soweit beruhigt hatte. Als ich heute Dein Dankschreiben gelesen habe beschloss ich ganz spontan zu antworten.
Mir persönlich sprechen diese Zeilen aus dem Herzen und ich finde es richtig und wichtig dass Du als Polizeiführer dieses Einsatzes so klare Worte gefunden hast, die ich voll und ganz mittragen kann. Das Schreiben ist ein wohltuender Unterschied zu anderen Dankschreiben die sich nur um den heißen Brei herumdrehten als die wahren Fakten anzusprechen. Auch ist es schön festzustellen, dass es noch Polizeiführer gibt, die hinter ihren Leuten stehen.
Dies ist auch eine Art Motivation für zukünftige problematische Einsätze, die mit Sicherheit nicht lange auf sich warten lassen werden.

liebe Grüße aus ...,

Lieber Kollege Schäfer,
Gestern habe ich Ihr Dankschreiben an die eingesetzten Kräfte vom Wochenende gelesen. Ich bin tief beeindruckt! Das gilt sowohl für die authentische Art der Sachverhaltsschilderung, als auch für Ihre bewegenden Worte. Sie sagen am Ende den Einsatzkräften Danke. Ich danke Ihnen, dass Sie dies zu Papier gebracht haben!

Herzliche Grüße

Hallo Dieter,
der beste und authentischste Dank eines PF den ich je gelesen habe... als einer (offensichtlich nun "alten" Hasen) der damals auch den Hass der Kurden in der FGZ und vor dem Rathaus erlebt hatte ist mir beim Lesen Deiner Zeilen wirklich "kalt über den Rücken gelaufen"...

In Gedanken bei Dir !

Sehr geehrter Herr Schäfer,
ich habe gerade Ihr Dankschreiben zum Einsatz in Mannheim an unsere beteiligten Einsatzkräfte weitergeleitet. Ich selbst war im Einsatz nicht dabei. Sie haben mit Ihren Ausführungen den Nagel auf den Kopf getroffen und den Kollegen und mir mit Ihren deutlichen Formulierungen aus dem Herzen gesprochen. Ich halte Ihre Ausführungen für bemerkenswert und würde mir wünschen, dass sich auch andere Polizeiführer Ihrem Beispiel anschließen würden.

Mit freundlichen Grüßen

Lieber Dieter,
ich habe gerade an meinem ersten AT nach dem Urlaub Dein beeindruckendes Dankschreiben gelesen. Das ist Dir richtig gut gelungen. Mein Respekt.
Abschließend gratuliere ich Dir nachträglich zu Deinem Geburtstag und wünsche Dir auch weiterhin die Kraft, auch solche Ausnahme-Situationen zu meistern.

Herzliche Grüße

Guten Morgen, sehr geehrter Herr Schäfer,
Nachdem wir bereits mehrere Kontakte bei verschiedenen Anlässen wie Revierleitertreffen, PG-Polizeistrukturreform, u.a. hatten, möchte ich mich kurz bei Ihnen melden. Ich möchte Ihnen meinen persönlichen Respekt und meine persönliche Anerkennung für ihre, -so wie ich Sie auch kennengelernt habe- authentische Darstellung der Situation in Mannheim, aber auch vor allem für Ihre offenen und persönlichen Worte, die Sie in ihrem Dankschreiben gewählt haben, übermitteln. In unseren Treffen konnte ich Sie immer als einen "Schutzmann" wahrnehmen, der mit seinen Einschätzungen nie hinter dem Berg hielt, sondern offen und ehrlich die jeweiligen Angelegenheiten direkt angesprochen und auf den Punkt gebracht hat.

Ich denke, in der heutigen Zeit verdient dies besonderen Respekt, eine solche komplexe Lage, mit großer Innen- und Außenwirkung, -auch politisch bedingter Einflüsse- führungstechnisch unbeirrt und menschlich nachvollziehbar korrekt abzuhandeln.

Dies ist Ihnen ausnahmslos und hervorragend gelungen! Wir selbst hatten auch mehrere Bea zur Unterstützung nach Weinsberg zum dortigen Sammelpunkt in Marsch gesetzt, konnten diese aber nach kurzer Zeit bereits wieder zurückbeordern, nachdem sich die Lage bei Ihnen stabilisiert hatte.

Mir ist es ein persönliches Anliegen, Ihnen, sehr geehrter Herr Schäfer, -wenn auch aus der Ferne- meinen persönlichen Respekt und meine Anerkennung zu übermitteln. Ich denke und glaube auch, dass nicht jeder Polizeiführer diese klaren und persönlichen Worte in seinem Dankschreiben gefunden hätte, wie Sie.

Nochmals meinen persönlichen Respekt und meine Anerkennung für Ihr Wirken!!

Mit freundlichen und persönlichen, kollegialen Grüßen

Lieber Dieter,
meine Anerkennung und Hochachtung für deine offenen Worte.

Liebe Grüße aus Heidelberg

Sehr geehrter Herr Schäfer,
ich habe bereits gestern ihr Dankschreiben an die beim kurdischen Kulturfestival eingesetzten Kollegen und Kolleginnen gelesen. Dieses Schreiben hat mich so beeindruckt, dass ich Ihnen das auf die-

sem Weg gerne mitteilen möchte. Ich war an dem Einsatz nicht direkt beteiligt, bin allerdings in der Nacht zuvor mit einer Alarmgruppe aus ... nach Mannheim gefahren und habe dort unter Führung von POR Müller Raumschutzaufgaben wahrgenommen. Die Nachricht von der Eskalation am Folgetag hat mich natürlich ebenfalls sehr betroffen gemacht. Ich möchte Ihnen meinen Respekt für ihre sehr offenen und ehrlichen Worte bekunden. Ich habe selten einen Polizeiführer erlebt, der nach einem derart belastenden Einsatz ein so treffendes Schreiben verfasst. Ich weiß auch aus vielen persönlichen Gesprächen, dass ich mit dieser Meinung nicht alleine bin. Ich habe schon in diversen Einsätzen auf ihre Führung vertraut und würde es jederzeit wieder tun. Bei der Aufarbeitung der Ereignisse wünsche ich Ihnen weiterhin Alles Gute.

Herzliche Grüße aus ....

Ihr ....

Sehr geehrter Herr Schäfer

Ich war am Einsatz nicht beteiligt, bin aber wie viele andere Kollegen total beeindruckt von Ihrem emotionalen, ehrlichen, zeitnah geschriebenen Papier.

Dies habe ich in dieser Art in meiner 38-jährigen Dienstzeit so noch nicht erlebt. Treffsicherer, persönlicher, ehrlicher, geht es nicht.

Es steht positiv im krassen Widerspruch zu heutigen Hochglanzschreiben und Analysepolitik anhand von Ampeln.

Zu RAF-Zeiten leitete Herr EPHK ... das Polizei-

revier ... und ... Großeinsätze im Zusammenhang mit Studentenausschreitungen. Er war von Ihrer unkomplizierten, praktikablen Art. Es war meine schönste Zeit bei der Polizei.

Besonders ehrt Sie auch nachfolgende Entscheidung. Unter einem derartig enormen Einsatzdruck so konsequent vorzugehen aber auch die eigenen Grenzen zu kennen und die Verhältnismäßigkeit zu wahren. Unter Ihrer Führung wäre am 30. September in Stuttgart anders vorgegangen worden.
"Liebe Kolleginnen und Kollegen, bitte glauben Sie mir, dass es mir schwer fiel, den Rückzug zu befehlen.
Es war die einzige Möglichkeit, in dieser Situation den sicheren Eintritt schwerer Körperschäden oder Schlimmeres zu verhindern."
Das außergewöhnliche an Ihrem Schreiben ist nicht der Dank, sondern der Zeitpunkt und Stil des Schreibens.

Schön, dass es tatsächlich noch so einen unkomplizierten Haudegen (- mit Verstand -) bei der Polizei gibt.
Ich bin überzeugt, dass Ihr außergewöhnliches Schreiben jedem Polizeibeamten in Baden-Württemberg gut tut, egal ob er beteiligt war oder nicht und den Zusammenhalt stärkt.
Ich wünsche Ihnen weiterhin eine glückliche Hand als Polizeiführer. Bleiben Sie gesund!

Grüße aus ...Ihr

Hallo Dieter,
ich bin zwar nicht zuständig, aber trotzdem nehme ich mir heraus Dir für Deine offenen Worte für die Kolleginnen und Kollegen zu danken. Es gehört eine ganze Menge Mut dazu, auch die Grenzen der Möglichkeiten in derartigen eskalierten Einsatzsituationen einzugestehen.

Herzliche Grüße aus Stuttgart

Hallo Dieter
Respekt, darauf kannst du wirklich stolz sein!! Du hast mit dem Schreiben zur richtigen Zeit die richtigen Worte gefunden.

Gruß

Sehr geehrter Kollege Schäfer,
ich bin seit 1997 Polizeibeamter in Stuttgart. Ich hatte bereits mehrfach ähnliche Erlebnisse wie Sie.
Jedoch hat noch nie !!! ein Polizeiführer nach unzähligen ähnlicher Einsätze so deutliche Worte benutzt wie Sie.
Hierfür möchte ich Ihnen danken. Ich bin überzeugt, dass Ihre Worte auch bei den Einsatzkollegen Anerkennung auslösen.

Mit freundlichem Gruß

Sehr geehrter Kollege Schäfer,
ein herzliches Dankeschön! Ein Dankeschön von mir, einem Polizeibeamten mit fast 40-jährer Polizeidienstzeit. Ich selbst war bei diesem Einsatz nicht eingesetzt.

Trotzdem will ich Ihnen meine Hochachtung aussprechen!
Welch ein Einsatzleiter hat sich in der Vergangenheit auf so sachliche Weise zur Lage geäußert und doch sehr emotional zum Ausdruck gebracht, wie es den Menschen in der Polizei in dieser Einsatzlage wohl gegangen ist, welcher Belastung sie ausgesetzt waren?
Mir ist solch ein Schreiben nicht bekannt.
Auch im Dezernat fand Ihr Schreiben Anerkennung.

Mit herzlichem Gruß

Sehr geehrter Herr Schäfer!
Heute komme ich endlich dazu ein paar Zeilen an Sie zu richten. Vorausschicken möchte ich, dass ich Gott sei Dank nicht an diesem Einsatz beteiligt war. Auch ich gehöre in die Rubrik "Alte Hasen", da ich seit 1974 im Dienste des Volkes tätig bin. So habe auch ich schon jede Menge Hardcoreeinsätze hinter mir.
Dass aber ein Polizeiführer so viel Mut und Mitgefühl zeigt, ist für mich ein vollkommen neues Erlebnis. Zu Ihrem offenen Brief kann ich Sie nur beglückwünschen, denn ohne, wie bereits schon erwähnt, mit dabei gewesen zu sein, kann man sich in das Szenario hineindenken und mitfühlen.
Ihr Beispiel sollte Schule machen, damit unsere Polizei intern noch transparenter wird, damit die Kolleginnen und Kollegen das Gefühl bekommen nicht verheizt und alleine gelassen zu werden.
In meiner Eigenschaft als Mitglied des örtlichen

Personalrates der PD ... ist es mir schon immer ein Anliegen, dass wir alle offen miteinander umgehen, damit unsere vielseitige Tätigkeiten mit viel Freude und hoher Akzeptanz ausgefüllt werden können.

Ihre Art der Nachbearbeitung der beteiligten Menschen im Zuge eines Forums ist ein weiterer Schritt in diese Richtung.
Ich hoffe nur, dass alle Ihre Aktionen aus tiefstem Herzen kommen und nicht nur am Ende eine Flucht nach vorne sind.

So wünsche ich Ihnen für die Zukunft weiterhin ein glückliches Händchen bei Ihren nicht immer leicht zu treffenden Entscheidungen.

Es grüßt sie aus ...

> *Hallo Dieter*
> *Ich habe die Berichterstattung gelesen und bin schockiert gewesen. Da schwillt mir der Kamm und ich bekomme Puls und möchte selber zum Schlagstock greifen, um zu unterstützen.*
> *Herzlichen Glückwunsch zu Deinem offenen Brief. So kenn ich Dich... klare Worte ohne Beschönigungen!*
>
> *Wünsche Dir noch ne schöne Zeit, viele Grüße und alles Gute*

Hallo Dieter,
gestern habe ich Dein Dankschreiben (GdP-Veröffentlichung) gelesen. Hast Du wirklich klasse gemacht, herzliche Gratulation.

Direkt, ehrlich, offen und ausdrucksstark. Auch hier im Amt hast Du bei vielen Kollegen/innen ein Nachdenken und Solidarität bewirkt.
Also bleib gesund und weiter so. Natürlich mit der Einschränkung, dass Du so einen Einsatz nicht unbedingt nochmals durchstehen musst.

Herzlicher Gruß aus Cannstatt

Hallo Dieter,
danke für die mail, Gratulation für die treffenden Worte, die du in deinem Schreiben gefunden hast und die "unter die Haut gehen".

Gruß

Moin Dieter,
und danke für die Anlagen, aus denen ich die Brutalität vor Ort nur ahnen kann! Auch von mir Respekt für dein Schreiben an die Kräfte und insbesondere den bewusst gewählten großen Verteiler "offen".

Liebe Grüße aus der sonnigen Heide,

Sehr geehrter Herr Schäfer,
zunächst möchte ich mich für Ihr Dankschreiben recht herzlich bedanken.
Aktuell ruft Ihr Schreiben ein sehr großes Echo im Kollegenkreis hervor. Dies gilt nicht nur für die eingesetzten Kräfte selbst, sondern auch für diejenigen, die nicht im Einsatz waren und Ihre Dankesworte lesen konnten.
Insbesondere Ihre Offenheit und die Wortwahl, mit denen Sie teilweise recht plastisch die Gescheh-

nisse darstellten, fanden großen Anklang. Eine Offenheit, die in der heutigen, projektorienitierten Zeit, in der die allgemeine Arbeit eigentlich nicht mehr so sehr im Vordergrund steht, so gut wie nicht mehr existiert.

Ihr Dankesschreiben hat Seltenheitswert in einer Zeit, in der grob gesagt "Offenheit" nicht mehr so gefragt ist.

Ich bin ich im Hauptamt freigestellter Personalrat. Auch aus meiner subjektiven personalrätlichen Sicht kann ich Ihnen sagen.

Chapeau Kollege!

Kapitel 9

Stressmanagement

Anteilnahme des Landespolizeipräsidenten

Bereits am Montag, dem 10.09.2012 fand in Mannheim eine Nachbereitung mit Landespolizeipräsident Dr. Hamann statt, an der neben hochrangigen Vertretern des IM LPP, der Landespolizeidirektion und der Präsidentin des PP Mannheim auch drei Beamte, die der ersten Gewaltwelle ausgesetzt waren, teilnahmen.

Die Schilderungen der Betroffenen waren sachlich, aber dennoch beklemmend. Die Diskussion war fruchtbar und zeigte auch erste taktische Erkenntnisse auf. Die frühzeitige Anteilnahme und Anerkennung durch die Führungsspitze der Polizei ist in Situationen wie dieser wichtig und auch wohltuend.

Nachbereitung im Lagezentrum des PP Mannheim

Geschlossenes Intranetforum für Stressmanagement

Noch unter dem Eindruck der Einsatzereignisse und bestärkt durch unter die Haut gehende Einzelgespräche war es notwendig, sich mit höchster Priorität um den psychischen Zustand insbesondere der Beamten zu kümmern, die den drei Gewaltwellen ausgesetzt waren.
Es musste ein Stressmanagement für mehrere hundert Einsatzkräfte eingeleitet werden. Das Landeskonzept für Konfliktmanagement in Baden-Württemberg ist auf so große Betroffenenzahlen nicht eingestellt. Beim Durchlesen der FAQ für P-ONLINE-Foren kam mir der Gedanke, ein hierarchiefreies, moderiertes GESCHLOSSENES Forum für alle Einsatzkräfte einzurichten.
Der Eilbedürftigkeit geschuldet, nahm ich direkten telefonischen Kontakt mit Landespolizeipräsident Dr. Hamann auf und erhielt seine Zustimmung. Auch beim Team des Medienzentrums an unserer Akademie der Polizei in Freiburg war nach Schilderung der Situation sofort große Hilfsbereitschaft vorhanden. Die Spezialisten realisierten über Nacht ein vorher als äußerst schwierig bezeichnetes Onlineforum. Am Donnerstag, den 13. September 2012, um kurz nach acht Uhr morgens, poppte die Meldung auf: „Sie sind Mitglied einer Gruppe“. Das Geschlossene Forum war bereit.
Nun ackerten die Mitglieder meiner Führungsgruppe und gaben hunderte von angeforderten Personaldaten ein. Das Forum lief an. In einer ersten Phase konnten sich die Kollegen das Erlebte von der Seele schreiben. In einer zweiten Phase sollten die taktischen Erfahrungen thematisiert und daraus abgeleitete Veränderungswünsche festgehalten werden. Die dritte Phase war dazu vorgesehen, mit den Einsatzbeamten über die Vorschläge zu diskutieren, um

diese in den anstehenden Einsatznachbereitungen zur Verbesserung unserer taktischen Möglichkeiten zu verarbeiten.
Das Forum wurde von einem Einsatz erfahrenen EPHK beim PP Mannheim moderiert. Wissenschaftlich begleitet wurde es durch die Koordinierungsstelle für Konfliktmanagement an der Akademie der Polizei in Freiburg.

Das Innenministerium gab dem Unternehmen den Status eines Pilotprojektes und damit den Einsatzkräften die Gewähr des Rückhaltes.

IdP Klotter verlautbarte daraufhin in P-ONLINE, der Intranetseite der Polizei BW:

Kriminalität ▾ Verkehr ▾ Technik ▾ Führung ▾ Prävention ▾ Bildung ▾ Organisation ▾ Se

POLIZEI-ONLINE

Suchbegriffe eingeben und absenden...

Hilfe zur Suche

Einsatz anlässlich des Kurdischen Kulturfestivals

Der Inspekteur der Polizei zu den Ereignissen in Mannheim:

Liebe Kolleginnen und Kollegen,
die Ereignisse rund um den Einsatz anlässlich des 20. Kurdischen Kulturfestivals auf dem Mannheimer Maimarkt haben uns alle sehr betroffen gemacht und beschäftigen mich und sicherlich auch viele von Ihnen heute noch. Was die dort eingesetzten Kolleginnen und Kollegen erleben mussten ist unbegreiflich. Gerade deshalb ist es mir besonders wichtig, Sie auf die Angebote der Einsatznachsorge hinzuweisen. Wie sie wissen, waren an diesem Tag zeitweise bis zu 800 Beamtinnen und Beamte im Einsatz. Ein direkter und persönlicher Austausch mit allen Beteiligten ist daher sehr schwierig bzw. unmöglich.
Auf Initiative des Einsatzleiters PD Dieter Schäfer wurde mit der Einrichtung eines geschlossenen Forums in POLIZEI-ONLINE aber doch eine Möglichkeit gefunden, dass sich die aktiv am Einsatz beteiligten Kolleginnen und Kollegen direkt über das gemeinsam Erlebte austauschen können. Ein weiterer Nutzen dieses Forums liegt auch darin, dass die dort vorgebrachten Hinweise und Verbesserungsvorschläge in anonymisierter Form über PD Schäfer in die routinemäßige Einsatznachbereitung einfließen können.
Neben dem Austausch über das Intranet bieten der Polizeiärztliche Dienst des PP Mannheim sowie die örtlichen Konflikthandhaber weitere Gesprächsmöglichkeiten an - sei es in der Gruppe oder auch in Einzelgesprächen.
Abschließend daher noch einmal meine Bitte: Nutzen Sie die Angebote zu Ihrer persönlichen Entlastung!

Herzliche Grüße
Ihr Gerhard Klotter

Liebe Kolleginnen und Kollegen,

die Ereignisse rund um den Einsatz anlässlich des 20. Kurdischen Kulturfestivals auf dem Mannheimer Maimarkt haben uns alle sehr betroffen gemacht und beschäftigen mich und sicherlich auch viele von Ihnen heute noch. Was die dort eingesetzten Kolleginnen und Kollegen erleben mussten ist unbegreiflich.

Gerade deshalb ist es mir besonders wichtig, Sie auf die Angebote der Einsatznachsorge hinzuweisen. Wie sie wissen, waren an diesem Tag zeitweise bis zu 800 Beamtinnen und Beamten im Einsatz. Ein direkter und persönlicher Austausch mit allen Beteiligten ist daher sehr schwierig bzw. unmöglich. Auf Initiative des Einsatzleiters PD Dieter Schäfer wurde mit der Einrichtung eines geschlossenen Forums in P-ONLINE aber doch eine Möglichkeit gefunden, dass sich die aktiv am Einsatz beteiligten Kolleginnen und Kollegen direkt über das gemeinsam Erlebte austauschen können. Ein weiterer Nutzen dieses Forums liegt auch darin, dass die dort vorgebrachten Hinweise und Verbesserungsvorschläge in anonymisierter Form über PD Schäfer in die routinemäßige Einsatz-nachbereitung einfließen können. Neben dem Austausch über das Intranet bietet der Polizeiärztliche Dienst des PP Mannheim sowie die örtlichen Konflikthandhaber weitere Gesprächsmöglichkeiten an - sei es in der Gruppe oder auch in Einzelgesprächen.
Abschließend daher noch einmal meine Bitte: Nutzen Sie die Angebote zu Ihrer persönlichen Entlastung!

Herzliche Grüße, Ihr Gerhard Klotter

Anmoderation des Geschlossenen Forums:

*Liebe Kolleginnen und Kollegen der Einsatzeinheiten,
in meinem Dankschreiben habe ich Ihnen versichert, dass ich alle legitimen, mir zu Verfügung stehenden Mittel einsetzen werde, die begangenen Straftaten zu sühnen.
Außerdem ist mir aus den vielen Gesprächen mit beteiligten Kräften immer mehr bewusst, wie knapp wir einer Katastrophe entgangen sind.
Es gibt viele Kolleginnen und Kollegen, die das erste Mal in ihrem Leben richtig Angst ausstehen mussten. Ich habe immer noch das laute Geschrei des Mobs in den Ohren, das durch den Schall der Überdachung zu einem furchtbaren Röhren verstärkt wurde. Unsere verantwortungsbewussten Einheitsführer stellen sich die Frage, ob sie Fehler begangen haben. Ich habe mir - ständig die Bilder im Kopf - die Frage gestellt, was einsatztaktisch möglich und verantwortbar gewesen wäre, um die Rechtsordnung wieder herzustellen.
Wir alle teilen außergewöhnliche Erlebnisse, die uns mehr oder weniger intensiv beschäftigen und möglicherweise belasten.
Ich habe eine überragende Resonanz auf mein Dankschreiben erhalten. Offensichtlich habe ich da einen frei liegenden Nerv getroffen.
Dieses Schreiben kann jedoch nur der Anfang einer gemeinsamen Aufbereitung der Erlebnisse sein. Da ich nicht mit jedem von Ihnen sprechen kann, bitte ich um Ihre ehrliche Mithilfe.
Ich habe mit unserem Landespolizeipräsidenten vereinbart, dass ich ein geschlossenes Forum in unserem Intranet eröffne, zu dem nur am Einsatz aktiv beteiligte Kolleginnen und Kollegen Zugang haben.*

Ich selbst bringe bei all der Belastung nicht die Zeit auf, das Forum selbst zu moderieren. Auf meine Bitte hin wird dies EPHK Thomas J, einer meiner Führungsassistenten und Einsatz erfahrener Freund mit Herz und Empathievermögen übernehmen. Leseberechtigt ist Dr. Kepplinger der Leiter der Kost Konflikthandhabung und Krisenmanagement an der AkadPol Freiburg.

Bitte helfen Sie mir, indem Sie gegebenenfalls noch nicht erfolgte Hinweise oder Einzelheiten zu Geschehensabläufen schildern, die uns in der Zusammenführung aller Einzelheiten bei den Ermittlungen unterstützen können.

Bitte helfen Sie mir, indem Sie Unzulänglichkeiten, seien es auch nur Kleinigkeiten, die Sie bei der Auftragsausführung gestört oder behindert haben, mitteilen. Sie ermöglichen mir ein Mosaik, aus dem ich sicher Erkenntnisse für veränderte Einsatzformen ableiten kann.

Helfen wir uns gemeinsam, indem wir Dinge ansprechen und diskutieren,

- *die uns bewegen oder belasten, vielleicht bringt ihr Nebenmann im Einsatz nicht den Mut auf und Sie sprechen ihm mit Ihren Schilderungen aus dem Herzen und entlasten ihn so,*

- *die wir gut und erhaltenswert oder schlecht und veränderungswürdig erachten,*

- *und über die nur wir, die den Einsatz durchstanden haben, auch authentisch Bericht ablegen können.*

Prüfen Sie sich gewissenhaft, ob Sie der Einsatz nicht loslässt. Unsere Kost Konfliktmanagement kann Ihnen professionelle Unterstützung vermitteln.

Ich habe das geschlossene Forum gewählt, damit wir vertrauensvoll miteinander diskutieren können. Fassen Sie den Mut und beteiligen sich an dem Forum.

Ich stelle aber Bedingungen für die Teilnahme!

- *Das Forum ist hierarchiefrei. Vom Polizeimeister bis zum Polizeidirektor sind mir alle gleich wichtig. Wer sein Hierarchiedenken nicht ablegen kann, möge mir das mitteilen, wir werden ihn wieder herausnehmen*

- *Nutzen Sie die Chance, aktiv an der Aufarbeitung mitzuwirken*

- *Beteiligen Sie sich nur mit Beiträgen zum Einsatzgeschehen. Nicht zum Thema gehörende Beiträge nehmen wir heraus.*

- *Gehen Sie fair miteinander um. Offenheit heißt nicht, unter die Gürtellinie zu zielen oder bei der nächsten Möglichkeit nachzutreten.*

- *Wer die Regeln missachtet, wird ausgeschlossen*

Ich habe mit meinem Dankschreiben einen Anfang gesetzt. Nutzen Sie die Gelegenheit, die ich Ihnen mit der Teilnahme an diesem Forum biete.

Ich werde sicher nicht jeden Vorschlag, jedes Argument bei der Beleuchtung und Entwicklung unterschiedlicher Möglichkeiten der Einsatzführung und Nachbereitung berücksichtigen können. Ich bin allerdings sicher, dass ich einen authentischen Abschlussbericht mit wertvollen Vorschlägen für die Zukunft fertigen kann.

Ihr Polizeiführer

Dennoch dauerte es bis Anfang der Folgewoche, bis die ersten Beiträge verfasst wurden. Es waren die älteren, erfahrenen Beamten, die sich das Erlebte von der Seele schrieben. Zum Themenbereich „Angst" verfassten mehrere Kollegen Textbeiträge, die aufgrund ihrer Offenheit halfen, die Beklemmungen und psychischen Belastungen in der bedrohlichen Phase der Gewaltfalle zu Beginn der ersten Gewaltwelle darzustellen und zu beschreiben. Wenn sich auch die jüngeren Beamten und Beamtinnen nicht durch eigene Textbeiträge beteiligten, so zeigten doch die über 800 Klicks, dass alle die Schilderungen lasen und so die Möglichkeit hatten, ihre eigenen Empfindungen zu reflektieren.

Die Beiträge kamen erwartungsgemäß aus der Einsatzhundertschaft Karlsruhe, die auch die meisten Verletzten zu verzeichnen hatten.
Überraschend für mich waren die Wahrnehmungen der Kollegen, die aufgrund der Gewaltausbrüche zur Unterstützung anfuhren.

Ein Kollege der PD Heidelberg, der als Einsatzbeamter der beiden Alarmzüge beim Fußballeinsatz anlässlich des Regionalligaspiels der TSG Hoffenheim II gegen SV Waldhof Mannheim eingesetzt war, schildert, dass man unter den überwiegend lebensälteren Kollegen noch am Vormittag scherzte, dass man heute wohl noch nach Mannheim zum Kurdeneinsatz beordert werden würde.

Als dann der Hilferuf kam, sprach man von bürgerkriegsähnlichen Zuständen in Mannheim. Es habe 80 zum Teil schwerverletzte Beamte gegeben. Mit diesen dünnen Informationen fuhren die beiden Alarmzüge mit Sondersignal von Sinsheim nach Mannheim. Auf der Anfahrt reflektierte der Kollege, dass keiner der Beamten Schutzausrüstung trug. Es war dennoch für ihn keine Frage, dass er Kollegen in Not zur Hilfe eilen werde.

Gleichermaßen gibt er zu, dass ihm erstmals in einer Einsatzsituation der Gedanke durch den Kopf schoss, dass er zu Hause unmündige Kinder hat und sich möglicherweise in schwer kalkulierbare Gefahr begeben muss. Am Kräftesammelort an der SAP Arena war er dann sehr erleichtert, als pfälzer und Einheiten der Bundespolizei mit Schutzausstattung, die gleichzeitig eintrafen, statt ihrer vorrückten. Er berichtet auch von einer wohltuend „familiären" Atmosphäre in dieser Gefahren- und Notgemeinschaft. Die eintreffenden Einheiten aus Hessen, Rheinland-Pfalz, der Bundespolizei und aus Baden-Württemberg kannten sich nicht und trotzdem war sofort große Vertrautheit und Zusammengehörigkeit zu spüren.

Ein anderer Kollege der PD Heidelberg fuhr in dem Bewusstsein an, dass sein Sohn, Einsatzbeamter im Einsatzzug Mannheim, an vorderster Front den Gewalttätigkeiten ausgesetzt war. Das Mobilfunknetz war überlas-tet und er konnte ihn nicht erreichen. An der Kräftesammelstelle angekommen war er der quälenden Ungewissheit, dem einstündigen Stress von Alarmsirenen der anfahrenden Unterstützungskräfte und dem durch den Wind herüber getragenen Geschrei vom Veranstaltungsgelände, das sich wie Kampfgebrüll anhörte, ausgesetzt. Als endlich die erschöpften Kräfte der EHU Karlsruhe herausgelöst waren und sich an der Sammelstelle einfanden, war auch sein Sohn dabei.

Er hatte eine Fleischwunde am Bein davongetragen. Sein Helm war von einem Treffer mit einem Stein geborsten - aber er war ok …

Als Vater eines Sohnes im gleichen Alter bekenne ich, dass mich diese Lektüre innerlich beinahe zerriss.
Immer wenn ich von dieser Begebenheit berichtete, bekam ich einen Kloß im Hals – dies ließ nur langsam nach.

Unerwartet waren Schilderungen zur Kräftesammelstelle. In einer Situation, ähnlich einem Heerlager, wurden auch die unverzichtbaren, still im Hintergrund wirkenden Verpflegungskräfte anerkennend wahrgenommen. Es war den ganzen Tag warm gewesen. An der Verpflegungsausgabestelle an der SAP Arena waren immer ausreichend Getränke, auch für die in großer Zahl anrückenden Unterstützungskräfte, vorhanden. Jeder, der Hunger hatte, konnte sich aus Großpackungen aus der Hand verpflegen. Auch das trug zu der zuvor geschilderten vertrauten Atmosphäre bei.

Emotionale, stressbedingte Grenzerfahrungen

Wie geschildert, lief das Forum in den ersten Tagen sehr zäh. Am 19. September verfasste ich deshalb aus einer Motivationslage, die man als Mischung von Sorge, Ungeduld und aufkommender Enttäuschung beschreiben könnte, früh morgens folgenden Text im Geschlossenen Forum:

Liebe Kolleginnen und Kollegen,

bis zum 7. September dachte ich, ich bin ein „harter Hund". Nach knapp 2.000 Stunden Einsatzerfahrung, nach mehreren Tumulteinsätzen im Fußball- und Demonstrationsgeschehen, nach durchstandenen Ermittlungsverfahren der Staatsanwaltschaft, nachdem ich nun 55 Jahre alt geworden bin, dachte ich, mich wirft nichts um.

Auch der Einsatz anlässlich des „Langen Marsches der Kurdischen Jugend verlief aus meiner Sicht erfolgreich. Wir haben antizipiert, was die Marschierer vorhatten und haben Recht konsequent durchgesetzt.
Die Ereignisse vom Samstag sind uns allen noch präsent. Als überzeugter Polizeibeamter hat insbesondere das Verständnis von Recht und Ordnung gelitten. Alle, die mit mir vor Ort waren, haben dieses Gefühl der Ohnmacht erlebt, Rechtspositionen aufgeben zu müssen. Ich habe es so formuliert: Wir stehen auf exterritorialem Gebiet und sind nicht mehr Herr der Lage. In der Rückbetrachtung bringt uns aber gerade diese Einsicht einen großen Sieg.

Die Öffentlichkeit bekundet Anteilnahme. Die Politik steht hinter uns. Die üblichen Schuldzuweisungen durch öffentlich ausgetragene Fehlersuche sind ausgeblieben.

Ich war gestern in nichtöffentlicher Sitzung im Sicherheitsausschuss des Mannheimer Gemeinderates. Ich habe es durch meinen Vortrag und die Antworten auf kritische Fragen geschafft, einen Partei übergreifenden Konsens zu schaffen. Ein politisches Ausschlachten bleibt bis auf ganz wenige Ausnahmen aus. Selbst der Vertreter der Linken, der vor Ort war, schilderte: Wenn sich die Polizei nicht zurückgezogen hätte, wäre es zur Katastrophe gekommen. Der gesamte Ausschuss des Gemeinderates unter Leitung des Ersten Bürgermeisters lässt Ihnen seine Anteilnahme und Anerkennung zukommen. Ich soll allen Verletzten die besten Gene-sungswünsche zukommen lassen.

Im neuen FOCUS[25] findet sich ein Artikel mit der Überschrift: Jämmerliche Analyse. Im Text steht geschrieben: „Die Antworten der Analytiker des BKA und des BfV waren jämmerlich. Etwas Handfestes zur Gefahrenabwehr beim 20. Kulturfestival in Mannheim habe es eigentlich nicht gegeben, erfuhr der verblüffte Staatssekretär“ (im BMI auf Nachfrage am Montag danach).

Also ist doch eigentlich Alles gut……?

Mich erreichte nach meinem Dankschreiben eine Flut von Anerkennungs-Emails aus dem ganzen Land, Kripo- und Schutzpolizei-Kollegen, mittlerer, gehobener und höherer Dienst gleichermaßen zollen mir Anerkennung.
Direkt, ehrlich, offen, ausdrucksstark und authentisch sind die meist gewählten Attribute.
Ein Kollege in leitender Funktion beim LKA schreibt: „Auch hier im Amt hast Du bei vielen Kollegen/innen ein

25 FOCUS 38/2012, S.60

Nachdenken und Solidarität bewirkt.“
Ein Inspektionsleiter der Kripo schreibt: „Ich bin überzeugt, dass Ihr außergewöhnliches Schreiben jedem Polizeibeamten in Baden-Württemberg gut tut, egal ob er beteiligt war oder nicht und den Zusammenhalt stärkt.“
Ein PD-Leiter schreibt mir: Sie sagen den Einsatzkräften Danke. Ich danke Ihnen, dass Sie dies zu Papier gebracht haben!“
Einige schreiben einfach „Chapeau“ „Respekt“, „Meine Hochachtung“.
Ich könnte jetzt abschließen und bekennen: Die Welle der Sympathie, die mich aus dem ganzen Land erreicht, gibt mir unendlich Motivation und treibt mich voran. Das Alles tut ungemein gut.
Und dennoch, ich wache um 03.00 Uhr, spätestens 04.00 Uhr auf. Seit Montag letzter Woche merke ich, dass der Stress bei mir Reizhusten auslöst. Am Sonntagmorgen bekam ich beim Zähneputzen neben dem Reizhusten einen Würgereiz, wie ich ihn noch aus meiner Zeit als starker Raucher kannte. In meinem Kopf sammeln sich tausend Ideen. Ich habe das Gefühl, dass ich noch nie leistungsstärker war. Ich mache mir Sorgen um Sie, um die Verletzten, aber auch um die Wirkungen, die die Erlebnisse auf Sie persönlich hinterlassen haben. Ich habe unter Hochdruck das Geschlossene Forum geschaffen.
Als ich am Montagmorgen mit zwei Kollegen der Leitungsrunde des PP Mannheim zusammen saß und über die Entwicklungen bei der Nachbereitung sprach, überwältigte mich urplötzlich und nicht verhinderbar ein Emotionsschub, der einen Weinkrampf auslöste. Beide Kollegen saßen mir ziemlich fassungslos gegenüber. Einer tätschelte meine Hand, wie man es bei einem Kleinkind macht, das verzweifelt ist, weil sein Teddybär verschwunden ist.....

Diese Grenzerfahrungen, die ich im Moment durchlebe, möchte ich keinem wünschen. Ich kenne die Sprüche: Wir treffen uns dort, wo die Eisernen Kreuze wachsen" und auch andere Mannesrituale. Ich bin heilfroh, dass ich ein über Jahre gewachsenes ZD-Team habe, das mein Führungsverständnis und meine Führungsphilosophie verinnerlicht hat. Ich finde Ansprechpartner unter Freunden, mit denen ich reden kann, die mir helfen. Ich habe eine Führungsgruppe, die sich um mich sorgt, die mich beobachtet. Mir geht es mittlerweile wieder besser.
Ich bin nicht traumatisiert. Die Ereignisse vor Ort gehen mir nah, aber ich kann mit Ihnen umgehen. Was mich betroffen macht, ist die Sorge um Sie.

Das Forum stockt. Ich kenne das. Keiner gibt sich eine Blöße. Es könnte als Schwäche ausgelegt werden. Wie stehe ich denn da? Bloß nichts anmerken lassen.
Sind Sie wirklich so tough. Oder hat man Sie in Ihrer Ausbildung so erzogen? Wo sind die Vorgesetzten, die sich zur Fürsorgepflicht bekennen.
Wenn es zutrifft, dass mein Dankschreiben einen offenen Nerv in der Polizei getroffen hat, wenn es zutrifft, dass „direkt, ehrlich, offen, und authentisch" die Qualitäten sind, die von Führungsseite und Geführten gewünscht sind, warum beteiligen Sie sich nicht am Forum? Fast 500 Aufrufe beweisen Ihr Interesse.
Die wenigen Beiträge zeugen von vorsichtiger Zurückhaltung.
Wenn Sie etwas bewegen wollen, diskutieren Sie mit mir.
Teilen Sie mir wenigstens mit, dass es Ihnen gut geht, dass ich mir keine Sorgen machen muss.
Es sind nicht die Anderen, die am Zug sind –
Sie sind am Zug

Erste Online-Reaktion:

> *„Unser System ist offener und ehrlicher Meinungskundgabe gegenüber nicht unbedingt aufgeschlossen. Vielleicht braucht es einfach noch ein wenig, bis Kollegen erkennen, dass sie sich hier zu Wort melden können, ohne gleich, warum auch immer, um ihre Karriere fürchten zu müssen.*
> *Dass sie als "alter Hase" und Polizeidirektor Schreiben wie die bereits verfassten an die Kollegen senden - Respekt!*
> *Dass sie ihre Emotionen schildern - Hochachtung!"*

Die Redaktion der Polizei Zeitschrift Baden-Württemberg (DPZ) hat in der Ausgabe 4/2012 unter dem Leitartikel „Gewalt gegen Polizeibeamte" das in einem Geschlossenen Forum erstmals versuchte Stressmanagement nach Massenanfall von verletzten Polizeibeamten aufgegriffen und dabei auch eine Auswahl von den Verfassern freigegebener Textbeiträge veröffentlicht.
Die folgenden anonymisierten Beiträge vermitteln einen Eindruck, unter welcher subjektiven Belastung die den Gewaltwellen ausgesetzten Kolleginnen und Kollegen standen.

> *„Ich habe bei meinen bisherigen Einsätzen noch nie so eine gegen uns aufgebrachte, zu allem entschlossenen, hasserfüllte, brutale Menschenmenge erlebt."*
> *„Ich sah in hasserfüllte und zu allem bereit mir entgegen laufende Gesichter, die alles auf uns warfen, was ihnen nur in die Hände fiel. Erschreckend für*

mich war im Nachhinein, als mein Zugführer beim Verlassen des Innenraumes knapp von einer vollen Getränkedose am Kopf verfehlt wurde (ich lief hinter ihm, also ist auch die Dose an mir vorbei geflogen), die einen Kollegen auf der Brust traf, dieser zu Boden ging und durch H. hinausgeschleppt wurde. Erst nach den Tumulten vor dem Eingang wurde mir dann angst zumute, was passiert wäre, wenn ich von dieser Dose am Hinterkopf getroffen worden wäre. Ich wäre zwangsläufig vermutlich zu Boden gegangen und in der Masse verschwunden."

„Solch einer Gewaltorgie und offensichtlichem Hass war ich bisher noch nie ausgesetzt und das ging glaube ich allen so. Zu realisieren, dass man einer Menschenmenge ausgesetzt ist, die uns Polizeibeamte derart als Feind betrachtet, dass sie alles mit uns machen würde, wenn sie könnte, war für mich die schlimmste Erfahrung."

„Die Störer schmissen Kleinpflastersteine, Glasflaschen, gefüllte Getränkedosen, Eisenstangen, Absperrgitter, Kinderwagen und diverse andere Wurfgeschosse auf uns, sodass wir uns kurzfristig kriechend hinter Metallpfosten / Betonpfosten zurückziehen mussten."

„Ich war so fokussiert die Kollegen da rauszuholen und auf meinen Nebenmann zu achten, dass ich kein Angstgefühl hatte, obwohl uns etliche Dinge entgegen flogen. Als das Tor dann endlich wieder auf war wur-

de ich von irgendetwas an der Brust getroffen und ging zu Boden, da mir die Luft weg blieb. (Danke H. und S. fürs raus helfen :))
Am Sprinter angekommen und wieder mit zweiter Luft ausgestattet machte man sich die ersten Gedanken. "was war das bitte schön, geht's noch?"

„Als wir dann später gegenüber dem gewalttätigen MOB standen und meine Kollegen immer wieder durch herumfliegende Gegenstände getroffen wurden, hatte ich kurz Gelegenheit in manche Gesichter zu sehen. Ich sah dabei in schweißüberströmte, ratlose und angsterfüllte Gesichter, die ich in dieser Weise noch nie gesehen hatte.
Trotzdem blieben sie ihrer Aufgabe treu und es erfüllte mich mit Stolz in dieser Einheit zu sein!"

„Ein positiver Effekt dieses Forums ist der offene und ehrliche Umgang mit Gefühlen. Es ist wohltuend, wenn ein erfahrener Zugführer seine Angst eingesteht. Zeigt es doch, dass wir Menschen sind. :)"

„In meinen mehr als 17-Jahren Ö-Tätigkeit habe ich in Mannheim so manche Auseinandersetzung live miterlebt. Sehr oft ganz vorne, da dort in der Regel auch die Medien zu betreuen waren. So auch am Samstag beim kurdischen Kulturfestival.
Nach den ersten Ausschreitungen, die ich zum größten Teil auch miterlebt hatte, hatte ich die bereits abwesenden Medienvertreter wieder zurückgebeten. Alle kamen dann auch sehr schnell vor Ort an die Polizeisonderwache. Für uns alle (Medien,

Kollegen der Sonderwache, Rettungsdienste) völlig überraschend fanden wir uns plötzlich im Hagel von Wurfgeschossen wieder. Nachdem wir uns hinter Polizeifahrzeugen in Sicherheit gebracht hatten, wurden wir über das Dach der Polizeisonderwache vom Innenraum des Maimarktgeländes beworfen. Nachdem wir sozusagen von allen Seiten unter "Beschuss" standen, konnten wir uns nur noch im Inneren der Sonderwache in Sicherheit bringen. Für die Medien und auch mich war bei dem Geschehen die explosionsartige Gewalt seitens der Kurden unglaublich erschreckend. Dagegen beeindruckte die große Umsicht des Polizeieinsatzleiters und der Kollegen/innen in dieser dramatischen Situation die Medienvertreter sehr. Andere Einsatzverläufe hätten mit Sicherheit zu viel mehr Verletzten und wohl unweigerlich zu einer Katastrophe geführt. Nicht zuletzt die in dieser schwierigen Situation gezeigten polizeilichen Handlungsabläufe hatten praktisch in allen Medien eine positive Berichterstattung für die in Mannheim eingesetzten Polizeibeamten/innen zur Folge."

„Aus meiner Sicht haben wir auch den kurdischen Ordnern - welche sich völlig schutzlos mit erhobenen Händen gestikulierend vor ihre aufgebrachten Landsleute stellten und versuchten diese zu beruhigen bzw. zurück zu drängen - zu verdanken, dass keine Hetzjagden auf flüchtende Polizeibeamte zustande kamen."

„Allerdings muss ich für mich sagen, dass mich das Erlebte so geprägt hat, dass ich mich im täglichen Dienst in einem Revierbereich, welcher sehr stark

von Türken und Kurden bevölkert wird, auch nach knapp 2 Wochen noch zur Objektivität zwingen muss.“

„In meiner jetzt langsam dem Ende zugehenden Dienstzeit durfte ich viele hoch emotionale Einsätze miterleben: “Dreisameck”, Startbahn West Frankfurt, NATO-Doppelbeschluß, Demonstrationen von “links” und “rechts”, niederklassige Fußballevents mit hochklassigem Gewaltpotential und eben auch diese kurdischen Veranstaltungen. In all diesen Jahrzehnten zog sich der nachfolgende politische Kommentar wie ein roter Faden durch mein Gedächtnis:

“Wir bedauern und verurteilen zutiefst...”, “Wir werden die Verantwortlichen mit aller Macht....”, “Das darf sich so nicht wiederholen...”, “Der Rechtsstaat muss sich wehrhaft zeigen...”Wir wünschen den verletzten Beamten...” usw usw.

Mittlerweile hinterlassen solche Kommentare nicht einmal mehr einen schalen Nachgeschmack.

In einer gesellschaftlichen Situation, in der einerseits das Gewaltpotential beinahe explosionsartig zunimmt, in der physische und psychische Aggression, verbunden mit beleidigender Respektlosigkeit, den polizeilichen Alltag bestimmt, sind wir weiterhin und zunehmend erschreckend defensiv aufgestellt und werden somit in die Opferrolle gedrängt. Man bedauert uns.... wie unsäglich ist das denn?

Ich brauche als Polizeibeamter aber kein politisches Bedauern, ich brauche klare politische Grenzlinien."

Bewertungen

Bevor wir 2011 an die Arbeiten zur Entwicklung einer Strategie für das PP Mannheim gingen, leitete ich 2010 eine Arbeitsgruppe zur Ergründung der aktuellen Umgangskultur beim PP Mannheim. Ich untersuchte dabei auch die Frage, warum zu diesem Zeitpunkt die Führung die Basis nicht mehr richtig erreichte.
Die Ergebnisse habe ich mit ministerieller Zustimmung veröffentlicht[26].

Ein wesentliches Merkmal für die Demotivation habe ich unter dem Synonym „Sehnsucht nach Führung" zusammengefasst.
Wenn es die in den Emails, als Reaktion auf das Dankschreiben, wiederkehrend genannten Attribute

- Authentizität
- Offenheit
- Ehrlichkeit und
- Unmittelbarkeit

sind, die dieser „Sehnsucht" Ausdruck verleihen, habe ich wohl einen in der Polizei blank liegender Nerv getroffen.
In der erwähnten Arbeitsgruppe zur Umgangskultur habe ich auch die Frage aufgeworfen:

---

26 Fachzeitschrift Polizei heute, 3/2011, Umgangskultur in der Polizei

Wo und bei wem kann sich in unserer täglichen Führungskultur die Führungskraft bei Stressüberhäufung selbst entlasten?

Bei dem ständig empfundenen Konkurrenzdruck und den wenigen vorhandenen bewerteten Aufstiegsfunktionen gibt sich kaum eine Führungskraft des höheren Dienstes eine Blöße durch Eingeständnis einer „Schwäche".
In Baden-Württemberg wurde eine Koordinierungsstelle für Konfliktmanagement eingerichtet und ausgewählte Beamte des höheren Dienstes zu Konfliktberatern und Mediatoren, insbesondere für Konflikte auf der höheren Führungsebene, fortgebildet. Aber seien wir ehrlich, der erste Schritt bedarf des absoluten Vertrauens. Dies könnte mit ein Grund für die geringe Nutzung dieses Angebotes sein.

Darf eine Führungskraft darauf vertrauen, dass die Loyalität ihrer Mitarbeiter in solchen Stresssituationen so weit geht, dass sich diese aktiv um sie sorgen?
Nicht in jedem Falle, das ist kein Selbstläufer!
Wenn aber in einer Dienststelle die Umgangskultur durch positive innerdienstliche Wechselwirkungen stimmig ist und es gemeinsam gelungen ist, das Führungsteam nach altruistischen Führungsgrundsätzen und der Befähigung zur Empathie zu prägen, fängt das miteinander gewobene soziale Netz auch und gerade die Führungskraft, in einer Zeit hoher Stressbelastung, sicher auf.
Mir widerfuhr dieses Glück.

> Danke Thomas, Reinhard, Uwe und Frau S. fürs Zuhören, für die Gespräche und fürs Kümmern.

Meine Mitarbeiter leiteten auch ein Entlastungsgespräch mit dem Chef der Koordinierungsstelle Konfliktmanagement, Dr. Joachim Kepplinger, in die Wege.

Und auch von Seiten meiner Vorgesetzten erfuhr ich Unterstützung. Mein zuständiger Referatsleiter meiner vorgesetzten Dienststelle in Karlsruhe nahm sich viel Zeit, um mir zuzuhören und mit mir zu reden.
Ich hatte durchgängig nur Eustress und erfuhr dennoch die Grenzen meiner emotionalen Belastbarkeit.
Ich habe erfahren, wie wichtig es ist, sich unter enormer Stressbelastung mitteilen zu können, Zuhörer zu haben und Zuspruch zu erfahren.
Wie groß müssen die Belastungen dann erst nach Ereignissen wie in Duisburg nach der Love Parade unter Disstress sein?

Führungskräfte, die Risikoeinsätze zu leiten haben, sollten durch Stressbewältigungsseminare befähigt werden, vorbereitet auf solche Folgen zu reagieren.
Ich habe eine halbe Flasche Hustensaft geschluckt, bis mir ein Kollege den Zusammenhang erklären konnte und mir Tipps zum Stressabbau gab.
Wichtig erscheint mir auch, gerade in besonders Stress belasteten Situationen, von vorgesetzter Stelle ein Feedback zu bekommen, wie die persönliche Einsatzleistung eingeschätzt wird. Positiv wirkt sich Anerkennung aus. Sie ist geeignet und hilft, die Stresssymptome schneller und besser zu verarbeiten.

Bei nahezu jeder Mitarbeiterbefragung wird angeprangert, dass der Vorgesetzte zu wenig lobt. In meiner Untersuchung zur Umgangskultur bemängle ich fehlenden oder falschen Umgang mit Lob bei gleichzeitiger Kritikfreude:[27]

---

27 POLIZEI-heute 3/11, S. 6

In meinem Falle bleibt solche Kritik an den Vorgesetzten aus. Mein Landespolizeipräsident selbst trug erheblich zur Verbesserung meines Wohlbefindens bei. Unmittelbar nach der ersten Innenausschusssitzung am 20. September 2012 rief er mich an und übermittelte mir und den Einsatzkräften den Partei übergreifenden Dank und die Anerkennung des Ausschussgremiums. In einem persönlichen Brief wiederholte er das Lob und bezeichnete mein Handeln im Sinne unserer Leitbilder als vorbildlich. Ich durfte das Schreiben sogar für alle Einsatzkräfte im geschlossenen Forum veröffentlichen.
Und selbst die beiläufige Äußerung des Inspekteurs der Polizei in einem Telefonat, dass sein Amtskollege aus Schleswig-Holstein meinen offenen Brief als „außergewöhnlich“ bezeichnet hatte, tat gut und löste echte Freude aus. Es kommt eben auch auf die kleinen Gesten an.

Prioritäten beim Stressmanagement

Egal welche Maßnahmen zur Desensibilisierung beim Verdacht auf Traumatisierungen getroffen werden – man muss diese schnell treffen.
Bereits nach drei Wochen nahm die Teilnahmefrequenz im Geschlossenen Forum deutlich ab. Die betroffenen Einsatzkräfte waren schon wieder bei zwei Rechts-Links-Demonstrationen mit Tumultpotenzial eingesetzt. Wenn jetzt noch Belastungen vorhanden wären, würden diese durch die Einsatzteilnahme verdrängt. Es bestünde die Gefahr einer Retraumatisierung bei späteren Einsatzanlässen.
Das gewählte Forum ermöglichte es jedem Einsatzbeamten, jeder Einsatzbeamtin, die durch die erfahrenen Beamten niedergeschriebenen Erlebnisse und Empfindungen

noch unter den frischen Eindrücken der Einsatzgeschehnisse zu konsumieren, zu reflektieren und zu bewerten. Durch die stille Antizipation bestand so durchaus die Möglichkeit zur individuellen Entlastung und vielleicht auch Desensibilisierung.
In der geschilderten Vater-Sohn-Beziehung hat es ausweislich des ausdrücklichen Dankes des Vaters für die geschaffene Möglichkeit erfolgreich funktioniert.
Die Erfahrungen und Erkenntnisse sind es wert, Einfluss auf die wiederkehrende Evaluation unserer Führungssysteme und unser praktiziertes Führungsverhalten zu nehmen.

Nachbereitung mit EHU KA am 23.09.2012

Am Montag, dem 24.09.2012 führte ich zum Abschluss mit der Einsatzhundertschaft Karlsruhe, also den drei Einsatzzügen Heidelberg, Mannheim und Karlsruhe, welche unmittelbar den ersten beiden Gewaltwellen ausgesetzt waren, eine Nachbereitung durch.
Im Forum wurde insbesondere aus deren Reihen, von den älteren, erfahrenen Beamten, das Thema „Angst" verarbeitet. Ich wollte die Veranstaltung sensibel und bewusst in einem angenehmen Ambiente, außerhalb von Polizeiliegenschaften, durchführen.
Als Veranstaltungsort wählte ich deshalb das idyllisch gelegene Gut Neutzenhof, eine ehemalige staatliche Liegenschaft am Rande unseres Zuständigkeitsgebietes, aus. Ich wollte den betroffenen Kollegen damit die der Situation angemessene Wertschätzung entgegenbringen und die Nachbereitung abseits der nüchternen Polizeiliegenschaften durchführen.

Im dortigen Festsaal diskutierten wir im Beisein des Leiters der KOST Konfliktmanagement, Prof. Dr. Kepplinger und eines unserer eigenen Konfliktberater die Geschehnisse des Einsatzwochenendes.
Das Feedback war durchweg positiv. Wichtig war auch hier die Erkenntnis, dass bei keinem/r der Beamten / -innen ein Verdacht auf Traumatisierung bestand.

Nachbereitung im Festsaal des Gut Neutzenhof

Dennoch habe ich bereits in der Woche nach den Einsätzen veranlasst, dass über den Polizeiärztlichen Dienst eine Gefährdungsmitteilung zu den Personalakten der Einsatzbeamten gegeben wird.

Die Bezirksschwerbehindertenvertretung hatte darauf hingewiesen, dass Ansprüche auf Dienstunfallverhandlungen nach zwei Jahren verfallen. Träte nach dieser Frist eine Retraumatisierung auf, die auf den Gewalteinsatz zurückgeführt werden könne, habe der Beamte keinen Anspruch auf Anerkennung.

Kapitel 10

Die öffentliche Aufarbeitung

Das Medienecho

Das Kurdische Kulturfestival löste ein überregionales Medienecho aus. Mehrere Fernsehanstalten und alle regionalen Printmedien waren im Tagesverlauf zur Berichterstattung anwesend.
Bezeichnend für den Eindruck eines bunten und friedlichen Kulturfestes war, dass nahezu alle Medienvertreter zum Zeitpunkt des Gewaltausbruchs um 15:23 Uhr ihre Bilder „im Kasten“ hatten und bereits den Veranstaltungsort verlassen hatten.

Jung und Alt gesellte sich zum Kulturfestival

Durch den Rückruf des EA Öffentlichkeitsarbeit waren sie jedoch wieder zur Berichterstattung anwesend, als die aufgeheizte Lage in Form der zweiten Gewaltwelle eskalierte und sich Reporter, wie Kameraleute und Fotografen selbst im Steinhagel wiederfanden und Deckung suchen mussten.
Diese „Selbsterfahrung“ relativierte jeden Versuch der YEK-KOM, über Pressearbeit die Schuld der Polizei zuschieben zu wolllen.

Das Medienecho war gewaltig. Die konventionelle Berichterstattung in der Tagespresse und den Fernsehanstalten war authentisch und durchgängig pro Polizei ausgerichtet. Den Bildern der Gewalt geschuldet wurde teilweise auch aufreißerisch berichtet.

Erwartungsgemäß bot das Internet die größte Informationsflut. Noch heute googelt man unter den Suchbegriffen „Kurdisches Kulturfestival Mannheim“ Informationstreffer, die sich über mehr als 40 Trefferseiten erstrecken.

Diese ungewöhnliche Informationsfülle in Wort und Bild, die eine seltene, realitätsnahe Informationserlangung ermöglicht, birgt aber auch Risiken.

Nicht alle eingestellten, oft privaten Schilderungen haben den in der Meldung indizierten Wahrheitsgehalt. Auch Gerüchte verbreiten sich in Windeseile und erhalten durch ihre Häufung einen vermuteten Wahrheitscharakter. Als beispielsweise während der zweiten Gewaltwelle ein Feuerwerkskörper detonierte, machte das Gerücht von einem polizeilichen Schusswaffengebrauch die Runde.

Es war eh schon von bürgerkriegsähnlichen Zuständen mit vielen Verletzten die Rede. Jetzt wurde von vier Toten und kurze Zeit später von sechs Toten berichtet.
Selbst die umliegenden Krankenhäuser ließen sich von diesen Gerüchten beeinflussen und bereiteten sich auf die Versorgung von Schwerverletzten vor.

Diese Chaos-Informationsphase dauerte bis in die frühen Abendstunden an. Erst dann drangen überall wieder bestätigte Meldungen durch.

Fernsehdiskussion „Zur Sache“ im regionalen Rhein-Neckar-Fernsehen

Am Donnerstag, dem 13.09.2012 war ich um 12.00 Uhr zur Aufzeichnung der Diskussionsrunde zum Thema *„Wildes Kurdistan in Mannheim – Wie belastbar ist die Toleranz“*[28] zusammen mit Oberbürgermeister Dr. Kurz, dem Bezirkspersonalratsvorsitzenden Egon Manz und einem in Mannheim lebenden kurdischen Dolmetscher eingeladen. Letzterer sprang kurzfristig für die eigentlich eingeladenen Vertreter der YEK-KOM ein. Diese sagten nach einigem Hin und Her mit der Begründung ab, dass sie sich mit dem Polizeiführer nicht an einen Tisch setzen. Nach ihrer Pressemitteilung vom 10. September 2012, in der sie uns als Polizei die Schuld für den Gewaltexzess zuschieben, war deren Fernbleiben fast zu erwarten.

Die Sendung wurde am Freitagnachmittag ausgestrahlt und am Wochenende mehrfach wiederholt. Die regionale Quote erreicht bis zu 250.000 Zuschauer.

Die Diskussion wurde kritisch, aber überwiegend pro Polizei geführt. Allerdings äußerte der Gewerkschaftsvertreter Manz (DPolG), nebenbei Ortsvorsitzender der CDU im Mannheimer Stadtteil Rheinau, deutliche Kritik am SPD-Oberbürgermeister Dr. Kurz. Im Schulterschluss mit dem OB bemängelte ich, „dass die hier und in Teilen der öffentlichen Meinungsbildung beginnende Suche nach einem Schuldigen scheinheilig sei. Sie entspräche den üblichen, reflexartigen Verhaltensmustern einer an den Tag gelegten Kirchturmpolitik. Parteiengezänk helfe uns bei dem Erlebten gerade nicht.“

---

28 http://www.rnf.de/video-portal/sendung/videos/show/zur-sache-wildes-kurdistan-in-mannheim.html

Am Dienstag, dem 18.09.2012, war ich zur Sitzung des Ausschusses für Sicherheit und Ordnung des Mannheimer Gemeinderates (BISO) zu einem Lagevortrag eingeladen. In der anschließenden Fragerunde erlebte ich eine völlig andere politische Stimmung.
Ein parteiübergreifender Konsens wurde im Dank und der Anerkennung an die Polizei gefunden. Es wurde resümiert, dass der Stadt, in der 20.000 Türken und rund 5.000 Kurden friedlich zusammen leben, durch die defensive Einsatzführung Schlimmeres erspart blieb.

Wochen später bekam ich vom Sicherheitsdezernenten der Stadt Mannheim das positive Feedback, dass mein Vortrag ausschlaggebend für den politischen Konsens war.

Am 20. September 2012 befasste sich der Innenausschuss des Baden-Württembergischen Landtages mit den Kurdeneinsätzen.
Das Gremium zeigte sich betroffen. Übereinstimmung wurde auch hier erzielt, dass durch eine besonnene Einsatzleitung wahrscheinlich eine noch schlimmere Eskalation verhindert wurde.

Trotz des Konsenses aller Parteien beantragte die CDU danach eine aktuelle Debatte zum Thema „Kurdenkrawalle in Mannheim – Polizei als Freiwild?“ für die Plenarsitzung am 26.09.2012 im Landtag.
Diese wurde sehr hitzig und kontrovers von den Parteisprechern geführt.

Gleich zu Beginn der Debatte kommentierte der Grünen Abgeordnete Hans-Ulrich Sckerl die Formulierung des Antrages der CDU:

„Wir befinden uns im Landtag und nicht in den Redaktionsstuben eines Revolverblattes."[29]

Parteiübergreifender Tenor war zwar, dass man hinter der Polizei stehe, vereinzelte Beiträge ließen aber von Seiten der CDU auch Kritik an der Polizei und der Stadt Mannheim erkennen, die von den Sprechern der Regierungsparteien energisch zurückgewiesen wurde.

Der CDU-Abgeordnete Thomas Blenke stellte z.B. fest:

„Die Polizei ist in diesem Einsatz über Stunden hinweg in Unterzahl geraten.[30] *In der angesprochenen Situation aber war die Polizei über Stunden in der Defensive und nicht handlungsfähig. In diesen Stunden, nicht auf einmal, sind nach und nach 80 Polizeibeamte verletzt worden. Sie waren offensichtlich nicht in der Lage, der Situation Herr zu werden"*[31].

Der SPD-Abgeordnete Nikolaos Sakellariou warf der CDU vor:

„Es ist wirklich bedauerlich, dass hier auf dem Rücken der verletzten Kolleginnen und Kollegen Politik gemacht wird."[32]
„Das für mich Ärgerliche war, mit Verlaub, dass mit

---

29 Plenarprotokoll der 45. Sitzung der 15. Wahlperiode vom 26.09.2012, S. 2521 (http://www.landtag-bw.de/cms/home/dokumente/plenarprotokolle.html

30 Plenarprotokoll a.a.O , S. 2520

31 a.a.O. S.2528

32 a.a.O. S.2523

dieser Fragestellung eben impliziert wurde, dass es ein Fehler der Polizei gewesen wäre, dass es dort zu diesen Gewalttaten gekommen ist"[33].

Er stellte richtig, dass es die meisten Verletzten bei dem ersten Zugriff (Anm.: Erste Gewaltwelle) gegeben habe. Hier werde die Polizei für etwas kritisiert, was sie nicht zu verantworten habe.

„Vielmehr haben sie sich der Situation entsprechend hervorragend verhalten."[34]

Innenminister Reinhold Gall erklärte in seinem umfassenden Beitrag abschließend:

„Ich finde, die Polizeibeamten haben einen außerordentlich guten Job gemacht; sie haben klug, besonnen und der Lage vor Ort entsprechend auf die sich entwickelnde Situation reagiert."[35]

Er kündigte einen abschließenden Bericht für den Innenausschuss an.

Anfang Oktober richtete die Fraktion der CDU zwei Anfragen zu dem Kurdenmarsch und zu dem Kurdenfestival an den Landtag. Mit Datum vom 24.10.2012 beantwortete der Innenminister diverse Fragen zu Vorfelderkenntnissen, zum Verlauf der Veranstaltungen, zu bekannten Rechtsverstößen und eingeleiteten Ermittlungsverfahren, zu Verant-

33 a.a.O. S.2529

34 a.a.O. S.2530

35 a.a.O. S.2528

wortlichkeiten, zur Frage der Möglichkeit eines Verbotes im Vorfeld und zur Rolle der Stadt Mannheim. Diese sind unter Drucksache 15/2024 und Drucksache 15/2025 veröffentlicht.[36]

Anfang des Jahres 2013 erhielten die Mitglieder des Innenausschusses den abschließenden Bericht des Landespolizeipräsidiums im Innenministerium. Am 16. März 2013 berichtete die Rhein-Neckar-Zeitung unter der Überschrift „Polizeieinsatz beim Kurdenfestival: Mehr Fragen als Antworten", dass nun der „23-seitige Bericht" vorliege. Neben Inhalten aus dem Bericht zitiert der Redakteur den stellvertretenden Vorsitzenden des Innenausschusses, Herrn MdL Karl Klein (CDU):

> *„Wenn man weiß, wie hoch qualifiziert unsere Polizei ist, wie kann es dann sein, dass sie in Mannheim kurzfristig nicht mehr Herr der Lage war?"*

Ich wurde auf diese Aussage hin von verärgerten Kollegen angesprochen. In einem Telefonat mit MdL Klein kritisierte ich die Aussage. Die betroffenen Kollegen, die im Einsatz für Recht und Ordnung eintraten und dabei in große Gefahr gerieten, werden durch solche Aussagen verletzt. MdL Klein stellte sich danach einem erklärenden Gespräch beim PP Mannheim. Bedauern war allerdings nicht herauszuhören.

Am 13. März 2013 wurde der Bericht im Innenausschuss behandelt. Die Erörterung dieses Tagesordnungspunktes

36 http://www.landtag-bw.de/files/live/sites/LTBW/files/dokumente/WP15/Drucksachen/2000/15_2424_D.pdf und http://www.landtag-bw.de/../15_2425_D.pdf

fand in öffentlicher Sitzung statt. Bei den Stellungnahmen der Fraktionen bekräftigten beide Sprecher der Oppositionsfraktionen, MdL Thomas Blenke und MdL Dr. Ulrich Goll, dass keine Vorwürfe an die Polizei ergingen. Anschließend ging Innenminister Reinhold Gall auf den Bericht zu den Einsätzen im September 2012 ein. Er gab auf die kritischen Fragen der Opposition ein klares Bekenntnis für die Polizei ab:

> *„Ich bin nicht der bessere Polizeiführer. Wenn die Polizeiführer vor Ort ihre taktische Ausrichtung so wählen, würde ich das nie in Frage stellen."*

Zum Schluss sprach der Ausschussvorsitzende, MdL Walter Heiler, nochmals einen Dank an die Polizei, die eingesetzten Kräfte und deren gute Arbeit aus.
In einer Pressemitteilung am 13.03.2013 betonte MdL Hans-Ulrich Sckerl, der innenpolitische Sprecher der Grünen, nochmals

> *„dass die Strategie der Verantwortlichen richtig und angemessen war und lobte das besonnene und kluge Vorgehen der Polizei vor Ort. Wir müssen die Ausschreitungen politisch verurteilen, jedoch anerkennen, dass das Konzept ein Erfolg war und schwerere Ausschreitungen verhinderte. Auch über die offene Aufarbeitung des Einsatzes durch die Polizei zeigte er sich erfreut: „Wir sehen hier eine lernende Polizei, die transparent ihre Einsätze aufarbeitet und Schlussfolgerungen zieht."*[37]

---

37 http://www.uli.sckerl.de/start.html Download am 19.03.2013

Einem positiven Demokratieverständnis immanent ist, Anlässe wie diese, welche die öffentliche Sicherheit in besonderem Maße beeinträchtigen, gerade auch politisch konsequent aufzuarbeiten und Schlussfolgerungen zu ziehen.

Parteipolitisch scheint es, ausweislich der ausgewählten Zitate der Abgeordneten, aber immer auch um Kalkül, um Fehlersuche beim jeweiligen politischen Gegner und insbesondere um das „Ausschlachten“ von Verantwortlichkeiten für negativ belegte Ereignisse, schlussendlich um die parteipolitische Profilierung im Einzelfall zu gehen.

Bei den der Gewalt beim kurdischen Kulturfestival im Mannheim ausgesetzten Polizeikräften gibt es dafür allerdings nur wenig Verständnis.

Abschließend möchte ich nochmal auf die Frage eingehen, warum die Stadt Mannheim eine solche Veranstaltung überhaupt zugelassen hat. Die Antwort ist so einfach wie naheliegend.

Es handelte sich um das 20. kurdische Kulturfestival. Die Jahre zuvor hatten die Veranstaltungen überwiegend in Nordrhein-Westfalen stattgefunden. Seit Öcalan in der Türkei inhaftiert ist, finden die Veranstaltungen immer auch unter dem Motto „Freiheit für Öcalan“ statt. Diese waren noch nie unpolitisch und fanden trotzdem als Kulturfestivals und nicht als Versammlungen im Sinne des Versammlungsgesetzes statt. Auch Verstöße gegen die Bestimmungen des Vereinsgesetztes wurden regelmäßig begangen. Die Strafverfolgungsorgane blieben jedoch bei den überwiegend als Regel- bzw. Erstverstöße einzuordnenden Taten bei der geübten Einstellungspraxis.

Das PP Mannheim hat eng mit der Stadt Mannheim zusammengearbeitet. Selbstverständlich wurden die Erfahrungen der letzten Veranstaltungen in anderen Städten aus-

gewertet. Die aktuellen Lageentwicklungen in der Türkei wurden im Auge behalten und auf Basis der zugänglichen dienstlichen Quellen wurden alle Informationen zur Lage gesammelt. Diese waren für eine antizipative und fundierte Risikoanalyse allerdings nicht ausreichend.
Die Stadt ging also von einem Kulturfestival eines eingetragenen Vereines aus. Deshalb gab es für sie auch keinen Grund den zwischen YEK-KOM e.V. und der Mannheimer Hallenbetriebsgesellschaft (MAHAB) abgeschlossenen Mietvertrag in Zweifel zu ziehen.

Außerdem stellen die Kurden mit rund 5.000 Einwohnern nach den Türken eine der größten ausländischen Bevölkerungsgruppe in Mannheim dar. Eine Versagung dieses Festivals hätte leicht als Diskriminierung aufgefasst werden können, weil 19mal vorher alles gut war und auf einmal ausgerechnet das bekennend multikulturelle Mannheim eine Versagung herbeiführen würde.
Die Frage der Versagung stellte sich aus den genannten Gründen überhaupt nicht.
Viel wichtiger ist in diesem Zusammenhang, dass die politischen Schlüsse der Regierungsparteien sich künftig auch in Verwaltungshandeln niederschlagen.
Der innenpolitische Sprecher der SPD, Nikolaos Sakellariou formulierte im Parlament:

> *„Aber eines ist auch klar: Dieses Ereignis wird dazu führen, dass künftige Veranstaltungen, die sich womöglich als Kuluturfestivals tarnen, unter ganz anderen Gesichtspunkten überprüft werden, bevor sie genehmigt werden können."*[38]

38 Plenarprotokoll, a.a.O. S. 2523

Von Seiten der YEK KOM allerdings ist keine Einsicht oder Reue zu erwarten. In einer Presseerklärung verlautbarte sie am 8. Oktober 2012:

> *In konstruktiver und freundschaftlicher Atmosphäre fand am 1. Oktober 2012 ein Gespräch zwischen dem Oberbürgermeister der Stadt Mannheim, Dr. Peter Kurz, VertreterInnen von Yek-Kom, des Migrationsrats Mannheim und der Polizei statt. Gesprächsthema waren die Ereignisse rund um das 20. Internationale Kurdische Kulturfestival am 8. September.*
>
> *Das 20. Internationale kurdische Kulturfestival in Mannheim war als ein Fest für Demokratie und Frieden gedacht und organisiert. Für die vielfache Unterstützung möchten wir der Stadt Mannheim nochmals unseren Dank aussprechen. Doch bedauerlicherweise wurde von anderer Seite versucht, bereits im Vorfeld Stimmung gegen das Kulturfestival und die kurdische Gemeinde zu erzeugen. Die Polizei kündigte an, sich mit großem Aufgebot auf „Auseinandersetzungen mit Türken" vorzubereiten. Dabei waren alle vorangegangenen neunzehn Kulturfestivals friedlich verlaufen. Auch das Festival in Mannheim blieb friedlich bis zu dem Zeitpunkt, als Polizisten versuchten, einem 12 jährigen Jungen eine verbotene Fahne zu entreißen, und bei seiner Verfolgung in die Menschenmenge stürmten. Dieses Verhalten der Polizei war ausschlaggebend für die anschließenden Auseinandersetzungen mit FestivalbesucherInnen.*
>
> *Die Polizeikräfte vor Ort ließen keine Absicht zur Deeskalation erkennen und verweigerten auch jede Zusammenarbeit mit den Veranstaltern zur Beruhigung der Situation. Die Folge ist eine weitere Kri-*

minalisierung der kurdischen Bevölkerung. Mit den Schlagzeilen „Kurden-Krawalle“, „Kurdenrandale“, „Kurden-Gewalt“ und einer einseitigen, weil nur auf Polizeiquellen beruhenden Berichterstattung haben zahlreiche Medien die KurdInnen tagelang als gewalttätig diffamiert.
Wir machen diese Art Journalismus dafür verantwortlich, dass die Ausgrenzung gegenüber KurdInnen wächst und dass bei Yek-Kom anschließend zahllose E-Mails eingingen, die uns aufforderten, Deutschland zu verlassen. Wir stellen fest, dass KurdInnen als Gefahr für die Sicherheit diffamiert werden.

Statt Lösung und Dialog drohen noch mehr Verbote. Mit Entsetzen verfolgen wir die Diskussion über weitere Einschränkungen der Versammlungsfreiheit für kurdische Veranstaltungen. Auch die Debatte im baden-württembergischen Landtag am 26. September drehte sich wieder nur um „kurdisch-türkische Kämpfe“ und darum, „Probleme anderer Länder hier auszutragen“. Eine Politik aus Verbotsmentalität löst keine Probleme, weil sie nicht über die Ursachen diskutiert und nicht alle Beteiligten mit einbezieht.

Die YEK KOM sieht die Kurden, die an den Gewalttaten beteiligt waren, offensichtlich in der Opferrolle. In ihren Pressemitteilungen benutzt sie sprachlich gerne Überzeichnungen, Verniedlichungen und propagandistische Falschdarstellungen, um der eigenen Sache Nachdruck zu verleihen. Folgte man ihrer Argumentation, so ist Gewalt gegen eine rechtmäßige Polizeiaktion, die sie aber als Provokation betrachtet, ein legitimes Mittel, um eigene Positionen durchzusetzen.

Solange kurdische Vereinigungen wie die YEK-KOM e.V. nicht lernen, ihre Probleme ausschließlich mit demokratischen Mitteln zu lösen, sondern durch fanatische Gewaltaktionen, wie jene im September 2012 in Mannheim, sämtliche Integrationsbemühungen wieder zunichtemachen – solange wird es auch keinen gesellschaftlichen Konsens zur kurdischen Sache geben. Eine Annäherung oder gar Lösung bleibt in weiter Ferne.

Die Polizei als Exekutive kann jedenfalls nie Teil dieser Lösung sein.

Polizeiketten vor dem Haupteingang Maimarkt

Kapitel 11

Ergebnis und Konsequenzen für die Polizei

Persönliches Fazit

Ergebnisse des ministeriellen Abschlussberichtes[39]

Die Gewalteskalation am 8. September 2012 war auf Grundlage der vorhandenen Erkenntnisse für die Einsatzleitung der Polizei nicht vorhersehbar.
Die Entscheidung des Polizeiführers, die Einsatzkräfte kurzzeitig zurückzuziehen, war das geeignete Mittel, um eine unkontrollierte Gewaltentwicklung mit zahlreichen Verletzten auf Seiten der Veranstaltungsteilnehmer und auf Seiten der Polizei zu verhindern.

Die Erkenntnislage zum Gefährdungspotenzial der Veranstaltungsteilnehmer muss im Vorfeld derartiger Veranstaltungen optimiert werden.
Erkenntnisse aller Sicherheitsbehörden, insbesondere auch des Verfassungsschutzes, zum Gefährdungspotenzial von Veranstaltungsteilnehmern sind von entscheidender Bedeutung für die Einsatzplanung der Polizei.

Bei mehrtägigen Einsatzlagen im Zuständigkeitsbereich mehrerer Polizeidienststellen ist grundsätzlich eine gleichbleibende Polizeiführung vorzusehen.
Die Verwendung derselben Einsatzkräfte für die gesamte mehrtägige Veranstaltung ist unter Berücksichtigung weiterer Einsatzlagen sowie arbeitszeitrechtlicher Vorschriften im Kräftekonzept zu prüfen.
Bereits initiierte Maßnahmen zur Optimierung der polizeilichen Presse- und Öffentlichkeitsarbeit, insbesondere im Zusammenhang mit den Neuen Medien, müssen konsequent weiterverfolgt werden.

39 Drucksache 15/3398, S. 66, 67, Landtag BW

Insbesondere im Vorfeld von mehrtägigen Veranstaltungen sollen Absprachen zwischen der Polizei und der Staatsanwaltschaft in Bezug auf eine mögliche Konzentration bei einer federführend zuständigen Staatsanwaltschaft oder über eine einheitliche Einschreitschwelle erfolgen.

Die enge Zusammenarbeit von Polizei und Versammlungsbehörden muss vor allem bei besonderen Gefahrenlagen intensiviert werden. Insbesondere müssen versammlungsrechtliche Auflagen im Vorfeld mit allen beteiligten Stellen abgestimmt werden.
Eine konsequente Einhaltung der Auflagen unter Berücksichtigung des Verhältnismäßigkeitsgrundsatzes sowie der zur Verfügung stehenden Kräftelage ist anzustreben.

Polizeiliches Ziel ist es, auf gewaltbereite Störer insbesondere durch beweissichere Festnahmen oder nachträgliche Identifizierungen eine nachhaltige Wirkung zu erzielen. Ein Einsatz möglicher Distanzwirkmittel hat sich an dieser Einsatzphilosophie auszurichten.

Der Beweisdokumentation durch Film- und Bildaufzeichnung kommt eine hohe Bedeutung bei der Verfolgung von Verstößen zu. Hierbei ist ein qualitativ hoher Standard anzustreben.
Die durch das Verhalten der Teilnehmer überwiegend zum Ausdruck gebrachte mangelhafte Akzeptanz der staatlichen Ordnungsfunktion und des Gewaltmonopols der Polizei wird im Rahmen der Umsetzung der „Konzeption zur Reduzierung von Provokationen, Aggressionen und Gewalt gegen Polizeibeamte“ des Innenministeriums - Landespolizeipräsidium - berücksichtigt.

Konsequenzen

Die Anregung, im Vorfeld Absprachen zur Verfahrensweise mit den jeweils zuständigen Staatsanwaltschaften zu treffen, wird vom Innenministerium als Tagesordnungspunkt in die nächste Gemeinsame Dienstbesprechung der leitenden Beamten der Justiz und der Polizei eingebracht.

Die Themenkomplexe „Taktik, Technik sowie Aus- und Fortbildung" im Zusammenhang mit der Beweissicherung und Dokumentation werden durch die bereits eingerichtete Projektgruppe (PG) „Taktische und technische Standards zur Beweissicherung, Dokumentation und Bearbeitung vor Ort bei besonderen Einsatzlagen" im Hinblick auf entsprechende Optimierungen geprüft.

Zum Themenkomplex „Neue Medien" findet eine enge Zusammenarbeit auf Bundesebene statt. Durch eine Bund-Länder-Projektgruppe „Soziale Netzwerke" werden derzeit entsprechende Empfehlungen erarbeitet.

Persönliches Fazit

Die Kräfte der EHU Karlsruhe waren in eine bedrohliche Gewaltfalle geraten. Einzelne Kollegen mussten aus einer schwerwiegenden Gefahr gerettet werden.
Die Gewaltexplosion war jeweils kurz, heftig und zum Teil hassgesteuert. Nach Ansicht aller Augenzeugen war ein kontrolliertes polizeiliches Vorgehen unmöglich.
Die innerhalb weniger Sekunden zu treffende Entscheidung des vorübergehenden Rückzuges der Einsatzkräfte war schicksalhaft.

Die bei mir eingebrannten Bilder des Vorgehens der Polizei am „Schwarzen Donnerstag" im Schlosspark in Stuttgart halfen mir, diese Entscheidung zu treffen.

Ich bin mir sicher, dass ein offensives Vorgehen in dieser Lage eine Katastrophe ausgelöst hätte und diese meine polizeiliche Karriere abrupt beendet hätte.

Genauso sicher bin ich mir, dass mein Eingeständnis kurzfristiger Ratlosigkeit, wie ich diesen Einsatz ohne noch schwerere Folgen zu Ende bringen sollte und die anschließende defensive Einsatzführung uns als Polizei in der Öffentlichkeit viel Sympathie und Verständnis eingetragen hat.

So hat sich der vordergründig negative Eindruck einer Niederlage für den Rechtsstaat in der Folge der Aufbereitung deutlich ins Positive gewandelt.

In der abschließenden Sitzung des Innenausschusses äußerte der Polizeisprecher der Grünen, MdL Sckerl: Die Abgeordneten der Grünen seien der Auffassung, dass mit der schonungslosen und offenen Berichterstattung das polizeiliche Einsatzkonzept nochmals in vollem Umfang bestätigt worden sei. Sie bedankten sich bei dieser Gelegenheit nochmals beim Einsatzleiter sowie bei allen eingesetzten Polizeibeamtinnen und -beamten.[40]

Mein offener Brief, den ich am Sonntag nach dem Einsatz verfasst habe und abends per Email verteilen ließ, setzte die Ursache für diese Transparenz.

---

40 Drucksache 15/3398, S. 40, Landtag BW

Ich wusste, wie ich mich fühle, also konnte ich auch ermessen, wie sich die Einsatzkollegen und -kolleginnen fühlen mussten. Der von mir beabsichtigte Effekt trat unmittelbar ein. Ein Kollege beschreibt es so:

> *„Hochachtung bezüglich ihres Dankeschreiben, welches sicherlich einigen Unmut vieler Kollegen sowie auch meinen besänftigen konnte."*

Ich hatte die notwendige Einsatzerfahrung, das Selbstvertrauen, diesen Weg zu gehen und schlussendlich das Glück des Tüchtigen. Abschließend bekenne ich – die Geschehnisse haben mich verändert.

Quellenverzeichnis

Google:
Suchbegriff „Kurdisches Kulturfestival Mannheim“
(über 40 Trefferseiten)

Landtag Baden-Württemberg: Plenarprotokoll der 45. Sitzung der 15. Wahlperiode vom 26.09.2012, ab S. 2519
www.landtag-bw.de/cms/home/dokumente/plenarprotokolle.html

Landtagsdrucksache 15 2424
www.landtag-bw.de/files/live/sites/LTBW/files/dokumente/WP15/Drucksachen/2000/15_2424_D.pdf

Landtagsdrucksache 15 2425
www.landtag-bw.de/files/live/sites/LTBW/files/dokumente/WP15/Drucksachen/2000/15_2425_D.pdf

Landtagsdrucksache 15 3398, ab S. 37
www2.landtag-bw.de/WP15/drucksachen/3000/15_3398_d.pdf

„Zur Sache“: Fernsehdiskussion im regionalen Rhein-Neckar-Fernsehen
www.rnf.de/video-portal/sendung/videos/show/zur-sache-wildes-kurdistan-in-mannheim.html

RHEINNECKARBLOG, Bericht
www.rheinneckarblog.de/09/kurdenfestival-dieses-aggressionspotenzial-hat-uns-kalt-erwischt/15826.html

Zur Person des Autors Dieter Schäfer

In der Woche nach dem Einsatz wurde ich 55 Jahre alt.
Seit Sommer 1994 arbeite ich beim Polizeipräsidium Mannheim in leitender Funktion.
Seit dem Jahr 2000 leite ich die Zentralen Dienste, die sieben polizeiliche Fachdienste unter einem Dach vereinen.

Ich bin ein Einsatz erfahrener Polizeiführer. Ich habe nahezu 2.000 Einsatzstunden in Sondereinsatzlagen abgeleistet - etwa die Hälfte davon in Führungsverantwortung.
Ich habe u.a. 38 polizeiliche Einsätze anlässlich unterschiedlicher Massenveranstaltungen geleitet. 33 davon hatten Tumult-Potenzial, 11 davon waren Tumultlagen mit gewalttätigen Auseinandersetzungen – die meisten im Zusammenhang mit Fußballspielen.
Meine erste Tumultlage war im September 1994 der Einsatz anlässlich des Solidaritätsmarsches der kurdischen Frauen von Mannheim nach Straßburg mit 396 Festnahmen und 394 abgeurteilten Verfahren.

Lieber Leser, liebe Leserin,

Die Polizeistiftung[41] des Landes Baden-Württemberg wirbt aktuell mit dem Zitat von Albert Schweitzer

„Das Wenige, das du tun kannst, ist viel“

um Spenden für den Stiftungszweck, im Dienst verletzten oder in Notlage geratenen Polizeibeamten und deren Familien zu helfen, zu akquirieren.

In jedem Bundesland und auch bei der Bundespolizei gibt es solche Stiftungen.

Sie haben mit dem Kauf dieses Buches eine Spende an eine Polizeistiftung ausgelöst und so zu dieser Hilfsmöglichkeit beigetragen.

Herzlichen Dank

41 www.polizeistiftung-bw.de

Mit dem Suchbegriff finden sie in Google auch Links zu Polizeistiftungen anderer Bundesländer.

GEWERKSCHAFT DER POLIZEI
Medienkonferenz 2013
"Gewalt gegen Polizeibeamte"
Cd zum Song gibt es unter:
Chri.Be@gdpmannheim.de
COMPACT disc DIGITAL VIDEO
LIKE US ON facebook
You Tube
POLIZEI
POLIZEI 2512
Rap Song von
Chri Be (Gecko)
AUCH NUR EIN
MENSCH
Referent:
Polizeidirektor Dieter Schäfer
Gewerkschaft der Polizei (GdP), Landesbezirk Baden-Württemberg (e.V.), Maybachstraße 2, 71735 Eberdingen
Telefon 0 70 42 - 879-0, Fax - 211, info@gdp-bw.de, www.gdp-bw.de